Caro aluno, seja bem-vindo!

A partir de agora, você tem a oportunidade de estudar com uma coleção didática da SM que integra um conjunto de recursos educacionais impressos e digitais desenhados especialmente para auxiliar os seus estudos.

Para acessar os recursos digitais integrantes deste projeto, cadastre-se no *site* da SM e ative sua conta.

Veja como ativar sua conta SM:

1. Acesse o *site* <**www.edicoessm.com.br**>.
2. Se você não possui um cadastro, basta clicar em "Login/Cadastro" e, depois, clicar em "Quero me cadastrar" e seguir as instruções.
3. Se você já possui um cadastro, digite seu *e-mail* e sua senha para acessar.
4. Após acessar o *site* da SM, entre na área "Ativar recursos digitais" e insira o código indicado abaixo:

AJGEO-A4E2E-F9PKP-WSAHT

Você terá acesso aos recursos digitais por 12 meses, a partir da data de ativação desse código.

Ressaltamos que o código de ativação somente poderá ser utilizado uma vez, conforme descrito no "Termo de Responsabilidade do Usuário dos Recursos Digitais SM", localizado na área de ativação do código no *site* da SM.

Em caso de dúvida, entre em contato com nosso **Atendimento**, pelo telefone **0800 72 54876** ou pelo *e-mail* **atendimento@grupo-sm.com** ou pela internet <**www.edicoessm.com.br**>.

Desejamos muito sucesso nos seus estudos!

Requisitos mínimos recomendados para uso dos conteúdos digitais SM

Computador	Tablet	Navegador
PC Windows • Windows XP ou superior • Processador dual-core • 1 GB de memória RAM *PC Linux* • Ubuntu 9.x, Fedora Core 12 ou OpenSUSE 11.x • 1 GB de memória RAM *Macintosh* • MAC OS 10.x • Processador dual-core • 1 GB de memória RAM	*Tablet IPAD IOS* • IOS versão 7.x ou mais recente • Armazenamento mínimo: 8GB • Tela com tamanho de 10" *Outros fabricantes* • Sistema operacional Android versão 3.0 (Honeycomb) ou mais recente • Armazenamento mínimo: 8GB • 512 MB de memória RAM • Processador dual-core	*Internet Explorer 10* *Google Chrome 20* ou mais recente *Mozilla Firefox 20* ou mais recente Recomendado o uso do Google Chrome Você precisará ter o programa Adobe Acrobat instalado, *kit* multimídia e conexão à internet com, no mínimo, 1Mb

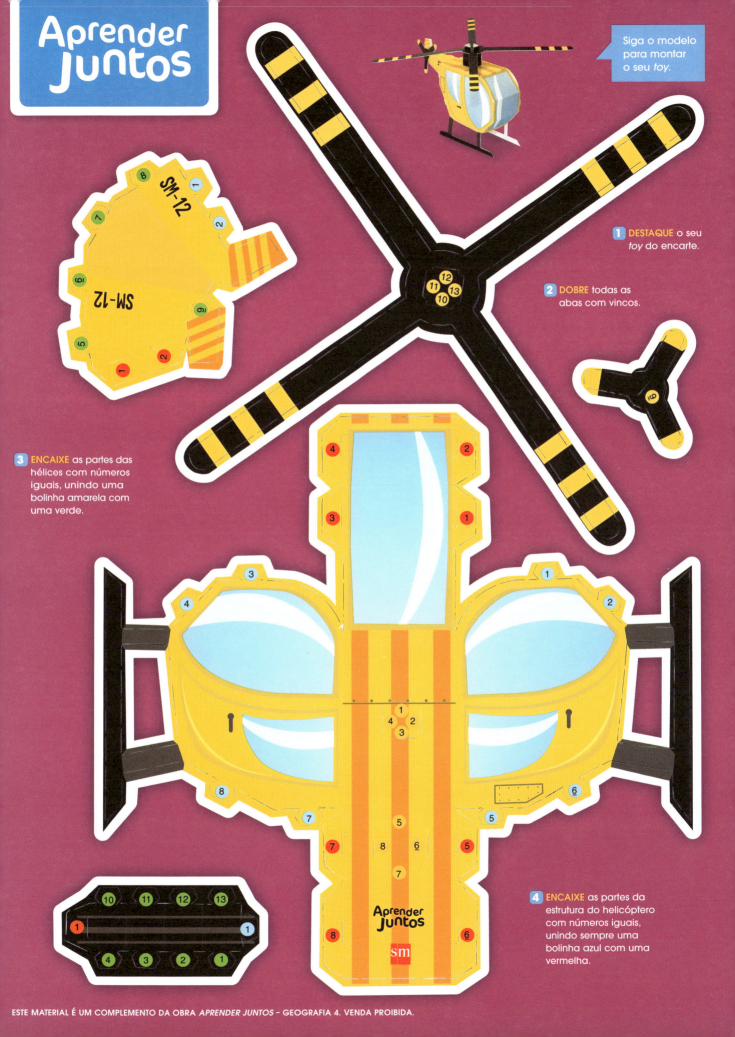

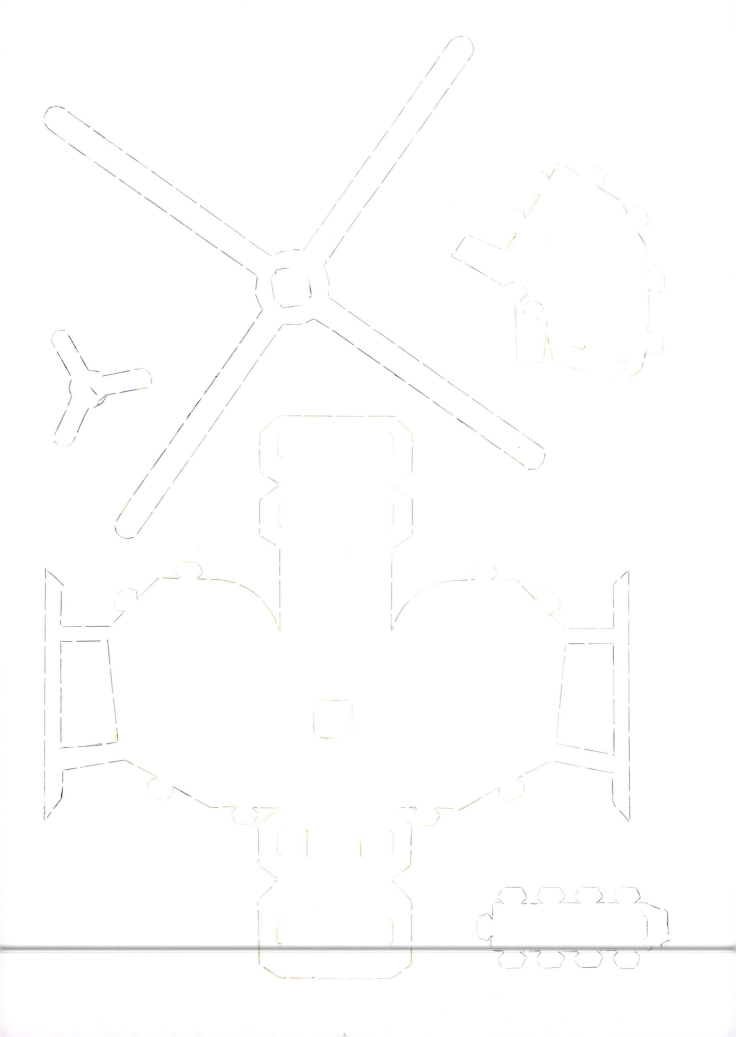

Aprender juntos

GEOGRAFIA 4

ENSINO FUNDAMENTAL
4º ANO

São Paulo,
5ª edição
2016

LEDA LEONARDO DA SILVA
- Bacharela e licenciada em Geografia pela Universidade de São Paulo (USP).
- Professora de Geografia no Ensino Fundamental e Médio.

ORGANIZADORA: EDIÇÕES SM
Obra coletiva concebida, desenvolvida e produzida por Edições SM.

Aprender Juntos – Geografia 4
© Edições SM Ltda.
Todos os direitos reservados

Direção editorial	Juliane Matsubara Barroso
Gerência editorial	José Luiz Carvalho da Cruz
Gerência de *design* e produção	Marisa Iniesta Martin
Coordenação pedagógica	Regina de Mello Mattos Averoldi
Edição executiva	Robson Rocha
	Edição: Mayra Moura, Camila Duarte
	Apoio editorial: Flávia Trindade, Camila Guimarães
Coordenação de controle editorial	Flavia Casellato
	Suporte editorial: Alzira Bertholim, Camila Cunha, Giselle Marangon, Mônica Rocha, Talita Vieira, Silvana Siqueira, Fernanda D'Angelo
Coordenação de revisão	Cláudia Rodrigues do Espírito Santo
	Preparação e revisão: Ana Catarina Nogueira, Eliana Vila Nova de Souza, Fátima Valentina Cezare Pasculli, Lu Peixoto, Mariana Masotti, Sâmia Rios, Valéria Cristina Borsanelli Marco Aurélio Feltran (apoio de equipe)
Coordenação de *design*	Rafael Vianna Leal
	Apoio: Didier Dias de Moraes e Debora Barbieri
	Design: Leika Yatsunami, Tiago Stéfano
Coordenação de arte	Ulisses Pires
	Edição executiva de arte: Melissa Steiner
	Edição de arte: Wilians dos Santos Joaquim
Coordenação de iconografia	Josiane Laurentino
	Pesquisa iconográfica: Bianca Fanelli, Susan Eiko, Caio Mazzilli
	Tratamento de imagem: Marcelo Casaro
Capa	Estúdio Insólito e Rafael Vianna Leal sobre ilustração de Carlo Giovani
Projeto gráfico	Estúdio Insólito
Papertoys	Ilustração e planificação: O Silva
	Apoio para orientações pedagógicas: Ana Paula Barranco e Maria Viana
Editoração eletrônica	Tarumã Editorial
Ilustrações	Al Stefano, Alex Rodrigues, AMj Studio, Ilustra Cartoon, Lima, Mario C. Pita.
Fabricação	Alexander Maeda
Impressão	Corprint

Dados Internacionais de Catalogação na Publicação (CIP)
(Câmara Brasileira do Livro, SP, Brasil)

Silva, Leda Leonardo da
   Aprender juntos geografia, 4º ano : ensino fundamental / Leda Leonardo da Silva ; organizadora Edições SM ; obra coletiva concebida, desenvolvida e produzida por Edições SM ; editor responsável Robson Rocha. – 5. ed. – São Paulo : Edições SM, 2016. – (Aprender juntos)

   Suplementado pelo Guia Didático.
   Vários ilustradores.
   Bibliografia.
   ISBN 978-85-418-1448-5 (aluno)
   ISBN 978-85-418-1450-8 (professor)

   1. Geografia (Ensino fundamental) I. Rocha, Robson.
II. Título. III. Série.

16-03900   CDD-372.891

Índices para catálogo sistemático:
1. Geografia : Ensino fundamental 372.891

5ª edição, 2016
2ª impressão, 2017

Edições SM Ltda.
Rua Tenente Lycurgo Lopes da Cruz, 55
Água Branca 05036-120 São Paulo SP Brasil
Tel. 11 2111-7400
edicoessm@grupo-sm.com
www.edicoessm.com.br

Apresentação

Caro aluno,

Este livro foi cuidadosamente pensado para ajudá-lo a construir uma aprendizagem sólida e cheia de significados que lhe sejam úteis não somente hoje, mas também no futuro. Nele, você vai encontrar estímulos para criar, expressar ideias e pensamentos, refletir sobre o que aprende, trocar experiências e conhecimentos.

Os temas, os textos, as imagens e as atividades propostos neste livro oferecem oportunidades para que você se desenvolva como estudante e como cidadão, cultivando valores universais como responsabilidade, respeito, solidariedade, liberdade e justiça.

Acreditamos que é por meio de atitudes positivas e construtivas que se conquistam autonomia e capacidade para tomar decisões acertadas, resolver problemas e superar conflitos.

Esperamos que este material didático contribua para o seu desenvolvimento e para a sua formação.

Bons estudos!

Equipe editorial

Conheça seu livro

Conhecer seu livro didático vai ajudar você a aproveitar melhor as oportunidades de aprendizagem que ele oferece.

Este volume contém quatro unidades, cada uma delas com três capítulos. Veja como cada unidade está organizada.

Abertura da unidade

Grandes imagens iniciam as unidades. Aproveite para fazer os primeiros contatos com o tema a ser estudado.

Início do capítulo

Essa página marca o início de um novo capítulo. Textos, tabelas, imagens variadas e atividades vão fazer você pensar e conversar sobre o tema.

Desenvolvimento do assunto

Os textos, as imagens e as atividades dessas páginas permitirão que você compreenda o conteúdo que está sendo apresentado.

Glossário

Uma breve explicação de algumas palavras e expressões que podem não ser usadas no seu dia a dia.

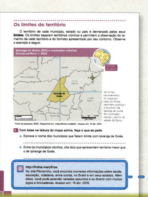

Sugestão de *site*

Aqui você vai encontrar sugestões de *sites* relacionados ao assunto que está sendo estudado.

Alfabetização cartográfica

Com os textos e as atividades da seção **Representações** você vai aprender a representar cartograficamente o mundo a sua volta.

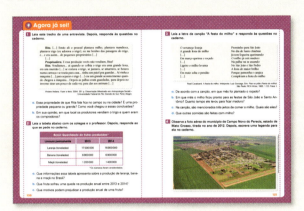

Finalizando o capítulo

As atividades da seção **Agora já sei!** são uma oportunidade para rever os conteúdos do capítulo.

Finalizando a unidade

As atividades práticas propostas na seção **Vamos fazer!** vão ajudar você a entender melhor os assuntos.

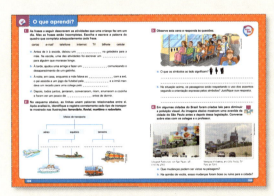

A seção **O que aprendi?** é o momento de verificar o que aprendeu. Dessa forma, você e o professor poderão avaliar como está sua aprendizagem.

Ícones usados no livro

 Atividade em dupla

 Atividade em grupo

 Atividade oral

 OED
Indica que há um Objeto Educacional Digital a ser explorado no livro digital.

 Saber ser
Sinaliza momentos propícios para o professor refletir com a turma sobre questões relacionadas a valores.

Sumário

UNIDADE 1 — O município

CAPÍTULO 1
O município está dentro do estado e do país › 10

- A divisão do território brasileiro › 11
- Os limites do território › 12
- Limites com diferentes demarcações › 13
- **Representações:** Lendo mapas › 14
- O território dos municípios › 15
- A integração entre o campo e a cidade › 16
- Agora já sei! › 18

CAPÍTULO 2
O governo do município › 20

- A organização política do município › 21
- A participação popular › 22
- **Representações:** Mapa e planta do município › 23
- A influência das leis no município › 24
- Os impostos › 26
- Agora já sei! › 28

CAPÍTULO 3
Cidadania no município › 30

- A praça é de todos os cidadãos › 31
- A praça é pública › 32
- Criança cidadã › 33
- Participação política › 34
- Agora já sei! › 36

VAMOS FAZER!
O exercício da cidadania no município › 38

O QUE APRENDI? › 40

UNIDADE 2 — O trabalho no município

CAPÍTULO 1
O trabalho no campo › 44

- A agricultura e a pecuária › 45
- Técnicas tradicionais de cultivo › 46
- Técnicas modernas de cultivo › 47
- Técnicas tradicionais de criação › 48
- Técnicas modernas de criação › 49
- O extrativismo › 50
- O extrativismo vegetal › 50
- O extrativismo animal › 51
- O extrativismo mineral › 51
- Agora já sei! › 52

CAPÍTULO 2
O trabalho na indústria e o trabalho artesanal › 54

- A indústria › 55
- Tipos de indústria › 56
- As técnicas de produção › 57
- As indústrias e o meio ambiente › 58
- **Representações:** Trabalhando com as informações dos mapas › 59
- O artesanato › 60
- Agora já sei! › 62

CAPÍTULO 3
O trabalho na cidade › 64

- O comércio › 65
- Os estabelecimentos comerciais › 66
- Os serviços › 67
- Os direitos do consumidor › 68
- O consumo e a propaganda › 69
- Agora já sei! › 70

VAMOS FAZER!
As principais atividades econômicas do município › 72

O QUE APRENDI? › 74

UNIDADE

3 Comunicação e transporte

CAPÍTULO 1
Meios de comunicação › 78

Diferentes meios de se comunicar › 79
Representações: Mapa: um instrumento de comunicação da Geografia › 82
A comunicação nos municípios › 83
O jornal impresso e a televisão › 84
O telefone e a internet › 85

Agora já sei! › 86

CAPÍTULO 2
Meios de transporte › 88

Diferentes meios de transporte › 89
O transporte aéreo › 89
O transporte aquático › 90
O transporte ferroviário › 90
O transporte rodoviário › 91
Representações: Ícones e linhas › 92
A construção das estruturas de transporte › 93
A influência dos meios de transporte no espaço › 94
Representações: A planta da cidade › 95

Agora já sei! › 96

CAPÍTULO 3
Os problemas dos meios de transporte e de comunicação › 98

Os problemas de infraestrutura › 99
Os serviços de telecomunicações › 99
O transporte aéreo › 100
O transporte ferroviário › 100
O transporte rodoviário › 101
Comunicação, transporte e geração de poluentes › 102
Representações: A escala › 103

Agora já sei! › 104

VAMOS FAZER!
Os meios de transporte e de comunicação no município › 106

O QUE APRENDI? › 108

UNIDADE

4 A vida no município

CAPÍTULO 1
Viver no campo › 112

O espaço rural › 113
A diversidade do mundo rural › 114
A produção de alimentos › 116
O êxodo rural › 118
Representações: Orientação espacial › 119

Agora já sei! › 120

CAPÍTULO 2
Viver na cidade › 122

As cidades são diferentes › 123
Diversidade cultural › 124
Desigualdade social na cidade › 127

Agora já sei! › 128

CAPÍTULO 3
As transformações no campo e na cidade › 130

Mudanças nos modos de viver › 131
Viagem no tempo › 132
Representações: Redução de imagens › 133
Transformações, memória e tradições › 134
Nossas tradições › 135

Agora já sei! › 136

VAMOS FAZER!
O livro do município › 138

O QUE APRENDI? › 140

SUGESTÕES DE LEITURA › 142

BIBLIOGRAFIA › 144

Ilustrações: Ilustra Cartoon/ID/BR

UNIDADE 1

O município

Todos os brasileiros vivem em um município, seja no campo ou na cidade. É no município que exercemos nossos direitos e cumprimos nossos deveres, convivendo com outras pessoas e realizando diferentes atividades.

- A ilustração ao lado representa o território de alguns municípios. Monte o *toy* que está no início do livro, recorte os três cartões da página 145 e embarque nessa viagem para explorar a cena do alto.

- Observe os cartões e identifique com um **X** o heliponto de onde o helicóptero levantou voo na cena. Depois, a partir desse local, organize os cartões de acordo com o movimento de decolagem vertical feito pelo helicóptero.

- Em qual dos cartões é possível observar linhas vermelhas que indicam limites entre municípios? Por que isso não pode ser visto nos outros dois cartões?

- Retome a cena e conte quantos municípios estão representados. Eles apresentam espaços diferentes ou semelhantes? Dê exemplos.

CAPÍTULO 1 — O município está dentro do estado e do país

Imagine que você more em Fortaleza, no Ceará, e sua avó more em Manaus, no Amazonas. Se você fosse viajar de avião para visitá-la, o trajeto seria feito em 3 horas e meia, porque Fortaleza é longe de Manaus.

Mas se você morasse em Porto Alegre, no Rio Grande do Sul, a viagem de avião até Manaus iria demorar, no mínimo, 6 horas, porque Porto Alegre é muito mais longe.

O Brasil tem um território muito grande. É um dos países mais extensos do mundo. O território brasileiro é dividido em várias unidades, que são os estados e o Distrito Federal.

1 Observe ao lado o mapa do Brasil dividido em estados e faça o que se pede.

Brasil e seus estados: Divisão política atual

O território brasileiro é dividido em 26 estados, além do Distrito Federal.

Fonte de pesquisa: *Atlas geográfico escolar*. 6. ed. Rio de Janeiro: IBGE, 2012. p. 90.

Legenda

- Acre - AC
- Alagoas - AL
- Amapá - AP
- Amazonas - AM
- Bahia - BA
- Ceará - CE
- Distrito Federal - DF
- Espírito Santo - ES
- Goiás - GO
- Maranhão - MA
- Mato Grosso - MT
- Mato Grosso do Sul - MS
- Minas Gerais - MG
- Pará - PA
- Paraíba - PB
- Paraná - PR
- Pernambuco - PE
- Piauí - PI
- Rio de Janeiro - RJ
- Rio Grande do Norte - RN
- Rio Grande do Sul - RS
- Rondônia - RO
- Roraima - RR
- Santa Catarina - SC
- São Paulo - SP
- Sergipe - SE
- Tocantins - TO

◉ Capital de estado — Limite de estado
⊛ Capital de país — Limite de país

0   419   838 km
1 cm – 419 km

a. Escreva o nome e a sigla dos cinco estados brasileiros de maior território.

_____

_____

b. Circule o estado onde você vive.

A divisão do território brasileiro

O **território** é o espaço ocupado por uma sociedade. Essa sociedade exerce domínio sobre seu território, geralmente por meio de representantes que formam um governo. O território tem limites bem definidos, que delimitam o poder do governo que o controla.

A administração de todo o território brasileiro é responsabilidade do governo federal, que tem sede em Brasília, no Distrito Federal. Brasília é a capital do Brasil. O governo federal é chefiado pelo presidente da República.

Cada um dos 26 estados brasileiros é administrado por um governo estadual, chefiado pelo governador do estado. O Distrito Federal também é chefiado por um governador.

Cada estado está dividido em diversos municípios. E cada município é administrado por um governo municipal, chefiado pelo prefeito. Este é o mapa do estado de Goiás dividido em municípios.

O território de Goiás é dividido em 246 municípios.

Fonte de pesquisa: IBGE. Disponível em: <http://linkte.me/y7i5x>. Acesso em: 15 abr. 2016.

1 Converse com um colega e responda às questões a seguir.

    a. Qual é a capital do Brasil? _____

    b. Qual é o nome da pessoa que ocupa o cargo de presidente da República?

_____

    c. Quem é o governador ou a governadora do estado onde você vive?

_____

    d. Qual é o nome do município onde você vive e quem é o prefeito ou a prefeita?

_____

Os limites do território

O território de cada município, estado ou país é demarcado pelos seus **limites**. Os limites separam territórios vizinhos e permitem a observação do tamanho de cada território e do formato apresentado por seu contorno. Observe o exemplo a seguir.

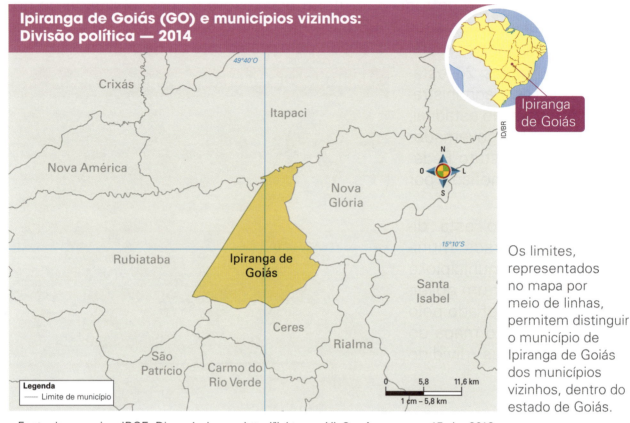

Os limites, representados no mapa por meio de linhas, permitem distinguir o município de Ipiranga de Goiás dos municípios vizinhos, dentro do estado de Goiás.

Fonte de pesquisa: IBGE. Disponível em: <http://linkte.me/tjie8>. Acesso em: 15 abr. 2016.

1 Com base na leitura do mapa acima, faça o que se pede.

a. Escreva o nome dos municípios que fazem limite com Ipiranga de Goiás.

_____

b. Entre os municípios vizinhos, cite dois que apresentam território maior que o de Ipiranga de Goiás.

_____

> @ http://linkte.me/y91aa
> No *site* Plenarinho, você encontra inúmeras informações sobre saúde, educação, cidadania, entre outras, no Brasil e em seus estados. Além disso, você pode aprender variados assuntos e se divertir com muitos jogos e brincadeiras. Acesso em: 15 abr. 2016.

Limites com diferentes demarcações

A demarcação de limites pode ser feita com base em referências naturais, como rios e montanhas, e também com base em construções humanas, como rodovias. Os limites também podem seguir linhas imaginárias, visíveis apenas em mapas. Essas linhas são definidas por medições e cálculos.

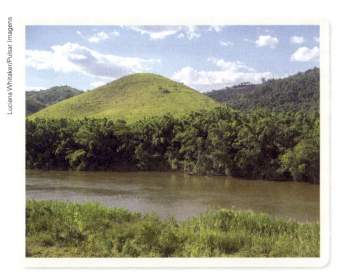

Rio Paraíba do Sul na região que marca os limites entre os estados do Rio de Janeiro (na parte de baixo da foto) e de Minas Gerais. Foto de 2014.

Trecho da rodovia Régis Bittencourt que demarca o limite entre os municípios paranaenses de Campina Grande do Sul, à direita da rodovia, e Quatro Barras, à esquerda. Foto de 2013.

2 Observe os limites no mapa a seguir e responda à questão.

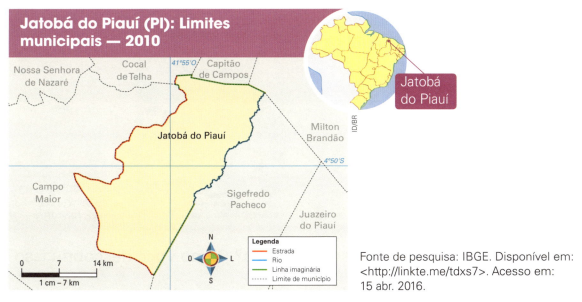

Fonte de pesquisa: IBGE. Disponível em: <http://linkte.me/tdxs7>. Acesso em: 15 abr. 2016.

- Que cor foi utilizada para demarcar os limites do município de Jatobá do Piauí determinados por linhas imaginárias? E o que as linhas pontilhadas representam no mapa?

Representações

Lendo mapas

Além das características do espaço representado, os mapas podem apresentar diversas informações: limites entre territórios, localização das cidades, áreas ocupadas por florestas, entre outras.

A compreensão dessas informações começa pela leitura do título, na parte superior do mapa. O título indica o território e o assunto representados, e também o ano ou o período a que se referem as informações.

Os mapas possuem uma linguagem própria, que só pode ser entendida quando lemos o significado de seus símbolos e cores na legenda. Ela reúne todos os símbolos e cores empregados no mapa, indicando o significado de cada um.

Leia o mapa e comente as questões com a turma.

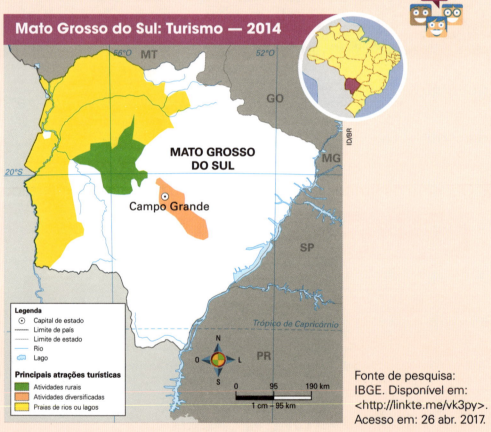

Fonte de pesquisa: IBGE. Disponível em: <http://linkte.me/vk3py>. Acesso em: 26 abr. 2017.

1 Qual é o assunto abordado no mapa? Como você descobriu isso?

2 Com o auxílio da legenda, responda às questões.

a. Qual é o nome da capital do Mato Grosso do Sul?

b. Há atrações turísticas na capital do estado? Se a resposta for afirmativa, como elas estão classificadas?

O território dos municípios

O território dos municípios geralmente é formado por dois tipos de espaço: o **campo** e a **cidade**.

O campo é composto de matas e propriedades rurais com plantações, pecuária e até mesmo indústrias. Nele há grandes e pequenos proprietários de terra, e trabalhadores empregados em diversas atividades. Há também comunidades que tiram da natureza o próprio sustento, como povos indígenas, ribeirinhos, quilombolas e caiçaras.

A cidade é a parte urbanizada do município, onde está a sede do governo, a prefeitura. Nela, se aglomeram as construções e se concentram as lojas, os bancos, as escolas e outros serviços.

1 Observe a imagem e resolva as atividades propostas.

Trecho do município de Araraquara, SP. Foto de 2012.

a. Nas quadrículas abaixo estão representadas áreas da cidade ou do campo?

1A: _____ ; 2A: _____ ;

4B: _____ ; 5C: _____ .

b. Cite duas quadrículas em que estão representadas áreas da cidade e do campo ao mesmo tempo. _____

c. As quadrículas foram úteis para responder às questões? Por quê?

▪ A integração entre o campo e a cidade

O campo e a cidade não estão isolados um do outro. Ao contrário, existe forte relação entre esses dois tipos de espaço no município.

As imagens a seguir mostram exemplos da integração entre o campo e a cidade.

Algumas indústrias, localizadas na cidade, produzem máquinas e equipamentos usados nas atividades do campo. Na foto, máquinas da prefeitura sendo usadas em estrada rural do município de Veranópolis, RS. Foto de 2013.

Muitas crianças moram no campo e estudam na cidade. A foto mostra um ônibus escolar em uma estrada rural no município de Marabá, PA. Foto de 2012.

Boa parte do dinheiro recebido pela produção no campo é gasto no comércio da cidade, o que gera empregos no espaço urbano. Na foto, centro comercial no município de Tucano, BA. Foto de 2013.

2 Leia a notícia abaixo e responda às questões.

Moradores da capital paulista no meio do campo. Foi essa a sensação de alguns visitantes do Parque da Água Branca, em São Paulo, no […] dia 28 de julho [de 2012], Dia do Agricultor. Para comemorar a data e apresentar suas ações e serviços, a Secretaria de Agricultura e Abastecimento do Estado de São Paulo (SAA) organizou um fim de semana especial. Os institutos e coordenadorias ligadas ao órgão apresentaram aos visitantes produtos, projetos, pesquisas e curiosidades sobre o meio rural. […]

Um dos objetivos do evento, além de homenagear os agricultores, foi aproximar a população urbana da rural. "De uma certa maneira, as pessoas [algumas] do meio urbano […] pensam que os alimentos chegam prontos aos supermercados […]. Para que a população possa valorizar, é preciso que ela conheça. Esse evento é uma forma de promover a interação entre quem produz e quem consome […]", avalia a secretária de Agricultura Mônika Bergamaschi. […]

Visitantes do parque aprovaram a iniciativa. "Como moramos na cidade, nem sempre lembramos de valorizar o homem do campo, que produz nossos alimentos. Portanto, esse evento é muito interessante porque nos alerta para o importante trabalho do agricultor", diz o engenheiro químico Vicente Neto. […]

Folha de Itapetininga, 2 ago. 2012. Disponível em: <http://linkte.me/htk08>. Acesso em: 16 abr. 2016.

a. Qual é o evento abordado no texto? Qual foi um de seus principais objetivos?

b. A quem se refere a expressão "homem do campo", utilizada no terceiro parágrafo?

c. Reflita sobre a frase a seguir e depois converse com a turma: "Esse evento é uma forma de promover a interação entre quem produz e quem consome […]".

Agora já sei!

1. Leia o texto e responda às questões.

> Ao chegar à escola, no primeiro dia de aula do ano, conheci Álvaro, um aluno que não falava e não ouvia. Para se apresentar à turma, ele trouxe fotografias e mapas. Com os mapas, ele mostrou o estado e o município onde nasceu e a área do município em que fica a rua onde mora atualmente. Todos compreenderam. Mostrou fotografias de sua família e desenhos da linguagem de sinais usada por pessoas surdas, mudas ou com problemas auditivos. Foi uma aula diferente. Aprendemos muito naquele dia.

Texto para fins didáticos.

a. Quais formas de comunicação Álvaro utilizou para se apresentar?

_____

b. Álvaro mora no município de Elias Fausto, no estado de São Paulo. Observe os mapas que ele mostrou aos colegas.

Fonte de pesquisa: IBGE. Disponível em: <http://linkte.me/glzvl>. Acesso em: 15 abr. 2016.

- Escreva o nome dos estados que fazem limite com o estado de São Paulo, identificados no mapa pelas siglas: MS, MG, RJ e PR.

_____

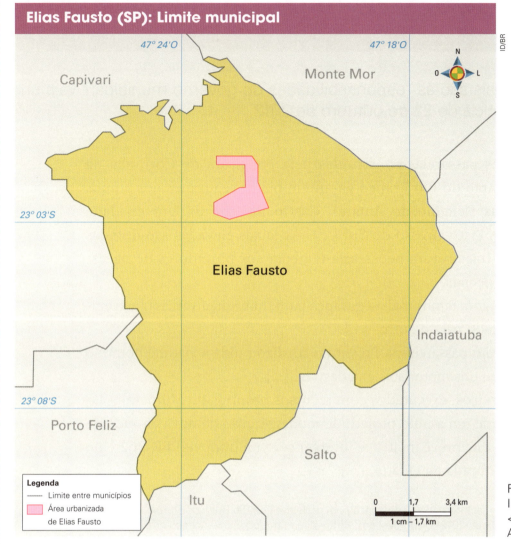

- Escreva o nome dos municípios que fazem limite com Elias Fausto.
  _____

2 O lugar em que Álvaro mora foi destacado nos dois mapas.

a. No mapa da página anterior, o que está destacado e como foi feito o destaque?
_____

b. No mapa desta página, o que está destacado e como foi feito o destaque?
_____

3 A presença de Álvaro estimulou a turma a valorizar as diferentes formas de linguagem. Você já conhecia a linguagem dos sinais? Converse com a turma sobre isso.

CAPÍTULO 2 — O governo do município

Você sabe quais são as responsabilidades do governo municipal? Veja um exemplo nesta notícia de 22 de outubro de 2012.

> As três passarelas construídas pela Prefeitura de Corumbá na avenida Barão do Rio Branco garantem maior segurança aos alunos das escolas Delcidio do Amaral, Castro Brasil e da Universidade Federal de Mato Grosso do Sul [...]. As faixas elevadas são dotadas de toda infraestrutura necessária também aos portadores de necessidades especiais.
>
> "[...] Agora temos mais segurança para transitar, atravessar a avenida de um lado para o outro" [...].
>
> Além das passarelas, a Prefeitura sinalizou toda a via, melhorando a orientação dos motoristas e pedestres. [...]
>
> Os serviços, executados com recursos próprios do Município, fazem parte de um amplo projeto de modernização da nova entrada de Corumbá, que prevê inclusive intervenções na [rodovia] BR-262 e no Portal de entrada da cidade. [...]

Passarelas garantem mais segurança para pedestres na Rio Branco. *Correio de Corumbá*, Corumbá, 22 out. 2012. Disponível em: <http://linkte.me/u9qm1>. Acesso em: 15 fev. 2016.

1 Essa notícia informa sobre as melhorias feitas e previstas pela prefeitura no município de Corumbá, no Mato Grosso do Sul.

   a. Quais foram as melhorias feitas na avenida Rio Branco?

   b. Que benefícios essas melhorias vão trazer para a cidade?

   c. Essas melhorias ocorreram na área rural ou na área urbana do município? Como você chegou a essa conclusão?

2 Converse com a turma sobre alguns problemas de seu município.

   a. Existe alguma avenida ou rua que você conheça em que a travessia seja difícil e perigosa? O que pode ser feito para solucionar esse problema?

   b. Que benefícios e melhorias para a população a prefeitura poderia fazer no município onde você mora?

A organização política do município

Os principais cargos do governo de um município são ocupados por representantes eleitos a cada quatro anos pela população que tem direito a voto.

São eleitos o **prefeito** e os **vereadores**. O número de vereadores varia de acordo com o número de habitantes do município. Veja a seguir a função deles.

Prefeito	Vereadores
O prefeito é responsável por atender às necessidades da população em relação à saúde, à educação, ao transporte, à segurança, entre outros. Para isso, ele deve seguir as **leis** e empregar corretamente o dinheiro público, arrecadado com a cobrança de **impostos**.	Os vereadores são responsáveis por criar ou mudar as leis do município. As leis são regras que todos devem seguir. Todas as propostas são debatidas e votadas pelos vereadores antes de entrarem em vigor. Os vereadores também devem fiscalizar a administração do prefeito.

Imposto: valor que os cidadãos pagam aos governos municipal, estadual e federal. O dinheiro dos impostos é usado para pagar gastos públicos com educação, saúde, cultura, transporte, segurança, entre outros.

1 Complete as frases abaixo.

a. O _____ e os _____ são eleitos de quatro em quatro anos.

b. No governo municipal, o responsável por atender às necessidades da população quanto à saúde, à educação, à segurança e ao transporte é o _____.

c. Os _____ são responsáveis por criar ou modificar as leis do município.

d. Uma das funções dos vereadores é _____ se o _____ está administrando corretamente o município.

2 Em que município você mora? Em que estado ele se localiza? Escreva o nome do prefeito e de alguns dos vereadores.

_____
_____
_____

3 Converse com a turma sobre a importância de o prefeito usar o dinheiro público corretamente.

A participação popular

Para que o município seja bem administrado, a população não pode simplesmente votar e esperar que os vereadores e o prefeito ajam com honestidade e competência. As pessoas precisam acompanhar o trabalho dos políticos eleitos, fiscalizar os gastos e enviar críticas e propostas a eles.

É possível assistir pessoalmente aos debates e às votações dos vereadores. Há também a possibilidade de acompanhar as decisões por meio de jornais, de revistas e da internet. Pela internet, as pessoas podem ainda fiscalizar os gastos da prefeitura e enviar mensagens aos vereadores e ao prefeito.

Sessão da Câmara Municipal de São Paulo, SP. Nas galerias, as pessoas podem acompanhar as atividades dos vereadores. Foto de 2013.

+ SAIBA MAIS

No dia 16 de junho de 2012, entrou em vigor a Lei de Acesso à Informação, válida em todo o Brasil. A lei obriga todos os órgãos dos governos federal, estadual e municipal a divulgar como os recursos estão sendo gastos. Essa divulgação ocorre principalmente pela internet.

4 De que forma a população pode se comunicar com os governantes do município? Qual é a importância dessa comunicação?

Representações

Mapa e planta do município

Quanto maior a área a ser representada em um mapa ou em uma planta, maior será a redução aplicada a ela. Os mapas representam áreas grandes, então a representação é muito reduzida. Por isso, muitos detalhes não podem ser visualizados. Já as plantas representam áreas menores e com mais detalhes. Observe.

Fonte de pesquisa: IBGE. Disponível em: <http://linkte.me/ohq3e>. Acesso em: 15 abr. 2016.

Fonte de pesquisa: Google Maps. Disponível em: <http://linkte.me/cktf6>. Acesso em: 15 abr. 2016.

■ Qual dessas três representações mostra uma área maior? E qual apresenta os detalhes mais aproximados?

A influência das leis no município

Tanto as leis que valem apenas no município quanto as que devem ser seguidas no estado ou em todo o país trazem consequências para o município.

A ocupação do espaço urbano, por exemplo, é regulada por leis. Elas definem áreas que podem ser ocupadas por moradias, por estabelecimentos comerciais ou por indústrias. Determinam também aquelas que devem ser protegidas, como as áreas de **mananciais**.

Manancial: fonte; nascente de um rio ou lago.

Nas áreas em que existem fontes e nascentes de cursos de água, a ocupação humana é regulamentada por lei. Na foto, placa indicativa no estado do Paraná. Foto de 2012.

Essas leis visam evitar ocupações inadequadas, como a construção de moradias em áreas de risco. Além disso, têm como objetivo impedir que uma forma de ocupação prejudique as outras. É o caso, por exemplo, de indústrias, que podem poluir áreas próximas a residências.

O cumprimento dessas leis contribui para a redução de problemas para o meio ambiente e para a população.

1 Se nos municípios não existissem leis regulando a ocupação do espaço urbano, as casas, os estabelecimentos comerciais e as indústrias poderiam ser construídos em qualquer parte da cidade. Reúna-se com dois colegas e procurem descobrir um problema que pode ocorrer se essas leis não forem cumpridas. Escreva-o abaixo. Contem à turma a descoberta de vocês.

_____

_____

_____

Antes de começar uma construção na cidade, é preciso ter a aprovação da prefeitura. Funcionários da prefeitura avaliam se a construção segue a lei e se será segura para os moradores ou usuários e para a vizinhança. Durante a construção, fiscais da prefeitura devem inspecionar a obra.

Outra lei importante, que vale para todos os municípios, determina que parte dos alimentos da merenda oferecida aos alunos das escolas públicas deve ser comprada, sempre que possível, de pequenos produtores agrícolas do município onde as escolas estão localizadas.

Têm preferência os produtores familiares e das comunidades tradicionais, como os indígenas e os quilombolas. Portanto, essa lei garante a geração de renda para muitas famílias e comunidades.

Colheita de brócolis em pequena propriedade em Araraquara, SP. Foto de 2013.

2 Quais são os benefícios da lei que determina que parte dos alimentos da merenda oferecida aos alunos das escolas públicas deve ser comprada, sempre que possível, de pequenos produtores agrícolas do município onde as escolas estão localizadas? Converse com a turma e, depois, registre as ideias abaixo.

Os impostos

Para atender à população, os governos precisam de dinheiro. Por isso, as prefeituras e os governos dos estados e do país cobram **impostos**.

O pagamento de impostos é feito por pessoas e por empresas. E a cobrança é realizada de diversas maneiras. Veja alguns exemplos.

São descontados impostos dos salários dos trabalhadores e dos lucros das empresas.

Uma parte do valor pago pelo consumidor por um produto ou serviço é de impostos. Os comerciantes e os industriais também pagam impostos sobre as mercadorias que compram, vendem ou fabricam.

Os brasileiros que possuem imóvel (terreno, casa, loja, galpão) ou veículo (automóvel, embarcação, aeronave, motocicleta) pagam impostos sobre esses bens.

1 De que maneira a prefeitura consegue dinheiro para atender às necessidades da população?

2 Converse com a turma sobre as afirmações a seguir.

- A qualidade dos serviços públicos depende da utilização correta do dinheiro dos impostos. É muito importante que cada cidadão fique atento ao modo como o governo gasta esse recurso, pois ele é obtido dos impostos pagos por toda a sociedade.

O dinheiro que o governo arrecada cobrando impostos deve ser usado em benefício da população. Ele deve ser utilizado para realizar obras no município e fornecer serviços de qualidade. Entre as obras e os serviços importantes para o município estão a construção de escolas, postos de saúde e hospitais, a pavimentação de ruas, a manutenção de praças e parques, a coleta de lixo e sua correta destinação, e a construção e manutenção de redes de água encanada e de coleta e tratamento de esgoto.

Limpeza de uma ponte em Recife, PE. Foto de 2013.

Construção de canal de água para o combate de secas. Foto da zona rural de Sertânia, PE, em 2012.

Jardineiro cuidando do gramado do Congresso Nacional em Brasília, DF. Foto de 2013.

Escola municipal em Crateús, CE. Foto de 2013.

3 Complete o quadro com base na observação das fotos acima.

Foto	A	B	C	D
Obras e serviços públicos				
Benefícios para a população				

Agora já sei!

1 Leia o texto e responda às questões a seguir.

A gente veio para a cidade e trouxe tudo que tinha [...].

Tinham contado lá na roça que a cidade tinha de tudo: trabalho, oficina, hospital, escola, ônibus. Lá onde a gente vivia não dava mais para ficar. Era só capinar, colher, trabalhar para os fazendeiros ganhando uma miséria. Então, resolvemos mudar.

Aqui a vida não é fácil. [...]

Ganho pouco e tenho de morar onde o aluguel é barato. A casa é bem simples [...]. O dinheiro não dá para comprar muita coisa [...].

Às vezes penso em voltar para a roça. Mas aqui meus filhos podem estudar [...].

Na roça a vida é sossegada, tem muita natureza, não tem perigo de assalto. Mas a vida só é boa para quem é dono de terra. Lá, a nossa vida não tem esperança nenhuma. Parece que ninguém liga para o povo da roça.

Rosicler Martins Rodrigues. *Cidades brasileiras*: o passado e o presente: São Paulo: Moderna, 1992. p. 77.

a. O texto fala de uma família que resolveu sair do campo para morar na cidade. Por que a família tomou essa decisão?

_____
_____
_____

b. Essa família encontrou na cidade a vida que esperava? Copie um trecho do texto que justifique sua resposta.

_____
_____
_____

c. A personagem que narra o texto revela que às vezes pensa em voltar para a roça. Converse com os colegas e o professor sobre os motivos que mantêm a família morando na cidade, embora tenha grandes problemas. Na opinião de vocês, o que falta para que a família possa voltar a morar no campo?

2 No Brasil e em outras partes do mundo, muitas famílias se mudaram e ainda se mudam do campo para a cidade. Essa mudança provoca o crescimento das cidades, causando transformações também no espaço rural. Veja um exemplo.

■ Explique a transformação retratada nas imagens acima.

3 Observe a foto e depois responda às questões.

Criciúma, SC, 2012.

a. Descreva os problemas visíveis na foto.

_____

_____

b. Nesse caso, o dinheiro que a população paga de imposto está sendo usado corretamente? Por quê?

_____

_____

_____

_____

29

CAPÍTULO 3 — Cidadania no município

A participação das pessoas é muito importante para a organização da cidade. Participar nos ensina a conviver em grupo, a respeitar as diferentes opiniões e a cooperar com os outros. Essas são consideradas atitudes cidadãs.

1 Leia a notícia e responda às questões a seguir.

Escolas representantes das três redes de ensino – municipal, estadual e particular – participaram, sexta-feira passada, 20 de setembro [de 2013], na Praça João XXIII, no Centro de Cantagalo [cidade do estado do Rio de Janeiro], da IX Exposição de Projetos Educacionais pela Conservação do Ambiente Natural (Epecan) [...].

A feira, na praça, de acordo com a Secretaria de Educação, mostra que a consciência ecológica chega aos alunos em forma de atividades extracurriculares e de trabalhos desenvolvidos em sala de aula. Tanto que as unidades escolares participantes expuseram diversos trabalhos sobre preservação das matas, reciclagem de lixo, tratamento de esgoto, entre outros. Cada trabalho foi explicado com participação de alunos e professores. Durante todo o dia, as escolas também fizeram apresentações diversificadas, desde música até pequenas peças teatrais, sempre destacando questões ambientais. Também foi realizado um desfile com roupas confeccionadas com materiais recicláveis.

Na praça houve também muita diversão para as crianças. Cantagalo, RJ. Foto de 2013.

Gilmar Marques. Disponível em: <http://linkte.me/a65x3>. Acesso em: 12 jan. 2016.

a. Você frequenta praças da cidade ou do bairro onde mora?

b. Alguma praça da cidade onde você mora costuma ter atividades como as mencionadas no texto?

c. Que eventos você gostaria que acontecessem na praça do lugar onde você mora?

A praça é de todos os cidadãos

A praça é um local, talvez o mais apropriado, para as pessoas exercitarem sua capacidade de se relacionar com o outro e desenvolver boas relações, necessárias ao convívio social.

Pessoas de todas as idades e condições econômicas diversas transitam diariamente pelas praças. Algumas estão só de passagem, outras ficam mais tempo. Esse é o caso de idosos, que costumam se reunir para conversar, recordar acontecimentos do passado e também falar sobre aspectos da vida no presente.

Outro grupo que frequenta as praças é o das crianças. É comum vê-las brincando e correndo o tempo todo.

Idosos jogam xadrez em uma praça no município de São Paulo. Foto de 2013.

1 Converse com a turma sobre como as praças do município onde você vive poderiam se tornar um lugar mais agradável para:

- as pessoas com deficiência física;
- as crianças;
- os idosos;
- as pessoas que passeiam com cachorros.

A praça é pública

Em uma praça, há vários equipamentos públicos: bancos para sentar, lixeiras, postes de iluminação, telefones, entre outros. Em algumas, encontramos brinquedos para crianças e aparelhos para ginástica.

Há também arbustos, árvores e canteiros de flores. Nesse ambiente, é comum a presença de pássaros e até mesmo de alguns pequenos animais, como os esquilos.

Às vezes, como herança do passado, muitas cidades mantêm coretos nas praças, que vêm sendo utilizados por bandas de música e grupos de teatro.

O ambiente da praça, por ser público, pertence a todos. As pessoas não devem estacionar automóveis em seu interior ou nas proximidades, com som em alto volume. É preciso também conservar os equipamentos públicos e não danificá-los, assim como não jogar lixo no chão, não pisar nos canteiros e nos gramados e não maltratar os animais.

Coreto preparado para o Carnaval em São Luiz do Paraitinga, SP. Foto de 2012.

Equipamento para exercícios em uma praça do município do Rio de Janeiro. Foto de 2013.

2 Com um colega, responda às questões: No município onde você vive há praças como as mostradas nas fotos acima? No que elas são parecidas? No que elas são diferentes?

_____

_____

3 Reúnam-se em grupos e façam placas para colocar em uma praça próxima da escola onde vocês estudam. De acordo com o lugar, pensem em mensagens como as listadas a seguir.

CUIDE DOS BRINQUEDOS.

NÃO MALTRATE OS ANIMAIS.

NÃO SUJE O CORETO.

NÃO ESTACIONE NA CALÇADA.

Criança cidadã

As crianças são cidadãs, com direitos e deveres.

Há várias maneiras de as crianças exercerem a cidadania. Além das relacionadas ao convívio com as pessoas, as crianças devem contribuir para a conservação dos espaços e dos materiais que utilizam na escola, em casa e nos locais que frequentam. Elas também podem ajudar a melhorar o lugar em que vivem, sendo solidárias e generosas. Veja o exemplo destas pessoas.

Cuidar do meio ambiente é cuidar de nossa casa, de nossa família e do mundo em que vivemos. Na foto, criança colocando lixo em recipiente de coleta seletiva em Sumaré, SP, em 2014.

Não maltratar os animais e cuidar deles são atos de cidadania. A foto mostra uma feira de adoção de cães realizada em Londrina, PR, em 2012.

Pequenos gestos fazem a diferença. Ajudar e respeitar os idosos deixa nossa vida melhor! A foto mostra menina ajudando idosa no município de São Paulo, em 2013.

1 Recorte de jornais e revistas ou imprima da internet imagens que mostrem situações de cidadania envolvendo crianças. Você pode selecionar, por exemplo, cenas relacionadas a direitos e deveres das crianças ou que mostrem crianças sendo participativas, companheiras, solidárias e respeitando as diferenças. Depois, cole as imagens em uma cartolina, escreva as legendas, crie um título para o cartaz e o exponha na classe para os colegas.

Saber Ser

Participação política

No Brasil, votar é um **direito conquistado**, pois em muitos períodos do passado o povo foi impedido de escolher seus governantes. Hoje, o voto é obrigatório para brasileiros alfabetizados entre 18 e 70 anos.

Jovens de 16 e 17 anos, pessoas maiores de 70 anos e analfabetos também têm o direito de votar. Porém, para esses grupos, o voto não é obrigatório.

A participação do povo foi fundamental para a reconquista do direito de votar para presidente da República. Na foto, comício pelo voto direto (Movimento Diretas Já!) na cidade de São Paulo, em 16 de abril de 1984.

Nas eleições, os cidadãos escolhem candidatos para ocupar cargos de vereadores e prefeitos, de deputados estaduais e governadores e de deputados federais, senadores e presidente da República. Assim, concedem aos eleitos o direito de discutir e tomar decisões em nome do povo.

Porém, a participação política não acontece apenas nas eleições. No dia a dia, por meio do diálogo entre vizinhos e do envolvimento em atividades de suas comunidades, os cidadãos trocam ideias, negociam e tomam decisões conjuntas. É o que acontece, por exemplo, nas associações de bairros e nos condomínios residenciais. Todas essas ações também são práticas políticas.

A mobilização política de grupos para cobrar governantes ou para atuar diretamente na solução de problemas também pode ser motivada por interesses comuns.

1 Seus familiares costumam assistir aos programas eleitorais na TV ou ouvi-los no rádio? Converse com eles sobre o que pensam a respeito desses programas. Depois, conte aos colegas e ao professor o que você descobriu.

2 Leia as manchetes abaixo e faça o que se pede.

> **A** *Moradores reivindicam pavimentação de rua no Jardim Petrópolis II*

GazetaWeb.com, Maceió, 2 dez. 2012. Disponível em: <http://linkte.me/b2h9l>. Acesso em: 15 abr. 2016.

> **B** *Rosário Oeste: moradores reivindicam transporte escolar na zona rural*

Portal JangadaMT, Jangada, 18 out. 2012. Disponível em: <http://linkte.me/pwfui>. Acesso em: 15 abr. 2016.

> **C** *Moradores reivindicam praça ou parque em área pública abandonada*

Diário de Sorocaba, Sorocaba, 27 abr. 2011. Disponível em: <http://linkte.me/zk24c>. Acesso em: 15 abr. 2016.

> **D** *Pais reivindicam transporte escolar para crianças com necessidades especiais*

Portal Sistema MPA, Divinópolis, 19 fev. 2013. Disponível em: <http://linkte.me/w80j1>. Acesso em: 15 abr. 2016.

a. De acordo com as manchetes que você leu, qual é o significado da palavra **reivindicar**?

b. Agora, procure no dicionário o significado do verbo **reivindicar** e copie nas linhas a seguir.

c. Que reivindicações estão fazendo os grupos mencionados nas manchetes? Essas reivindicações podem ser consideradas participação política?

Agora já sei!

1 Leia o texto e depois responda às questões.

A mulher fugia do tempo, puxando pela corda seu cãozinho peludo que não queria andar, que emperrou teimoso e fez cocô bem no meio da praça.

Um guarda imediatamente se aproximou, pediu para a mulher recolher o cocô. Ela, indignada, reclamou e seguiu seu caminho sem olhar para trás.

Um senhor que assistiu à cena, acostumado a dar palpites sem ser chamado, ergueu os braços e gritou:

— Que desrespeito! A quem pertence a cidade, às pessoas ou aos cães?

E, sem esperar a resposta, desapareceu no meio dos transeuntes.

Liliana Iacocca. *A quem pertence a cidade?* São Paulo: Salamandra, 2004. p. 7-8.

a. Procure o significado da palavra **transeunte** no dicionário e copie nas linhas abaixo. Depois, responda: O significado encontrado no dicionário é semelhante ao que você imaginou ao ler o texto?

_____
_____
_____

b. Identifique no texto o conflito entre duas personagens e escreva-o nas linhas a seguir.

_____
_____
_____

c. Reflita com os colegas e o professor: A quem pertence a cidade? E os animais? Eles também têm direito de desfrutá-la? Como isso deve ser feito? Pensem em exemplos relacionados ao município onde vocês vivem.

2 Forme dupla com um colega e leia a notícia abaixo sobre uma escola localizada no município de Assis, no estado de São Paulo. Depois, respondam às questões propostas.

> Os alunos da Escola Estadual Prof. Ernani Rodrigues realizaram na última quarta-feira, 1º de abril [de 2015], a eleição para escolher os representantes do Grêmio Estudantil e a chapa Todos Pela Mudança (TPM) foi a vencedora em um processo que teve votação eletrônica.
>
> [...] Na visão de Edi Wilson Pereira Ruiz, que é professor-coordenador da área de Ciências Humanas, os alunos da escola são bem conscientizados politicamente. [...]
>
> [...] "A nossa escola é diferenciada por ter educação integral. Assim, as práticas de cidadania e solidariedade são desenvolvidas com maior êxito. Desse modo, é possível fazer dos alunos pessoas que pensam mais em sociedade. A eleição foi muito bacana, ocorreu todo um processo de divulgação e debates das ideias por todas as classes", conta.

Eleição do Grêmio na Escola Ernani Rodrigues mobiliza alunos. Portal Assiscity, Assis, 6 abr. 2015. Disponível em: <http://linkte.me/p41j6>. Acesso em: 15 abr. 2016.

a. De acordo com a notícia, o que aconteceu na Escola Estadual Prof. Ernani Rodrigues?

b. Segundo o professor Edi Wilson Pereira Ruiz, como são os alunos dessa escola?

c. Na opinião de vocês, o que podemos aprender participando de eleições na escola?

d. Na escola onde vocês estudam, há eleições para representante de turma? Se houver, contem como ocorrem. Se não houver, vocês gostariam que houvesse?

3 Em todos os lugares do mundo podem ocorrer problemas. Conhecer os problemas que existem no lugar onde vivemos é o primeiro passo para tentar resolvê-los.

■ O que vocês fazem para tornar melhor o lugar onde vivem? Compartilhem a conclusão com a turma.

Vamos fazer!

O exercício da cidadania no município

Você e os colegas vão pesquisar matérias jornalísticas sobre o exercício da cidadania no município onde vivem.

Do que vocês vão precisar

- Jornais do bairro, do município, da região ou do estado, além de revistas e *sites* da internet.
- folhas de papel avulsas
- tesoura sem pontas
- cola

Como fazer

1. Separe as notícias e as informações coletadas nas diversas fontes de pesquisa. No dia combinado, mostre o material aos colegas do grupo. Selecionem, juntos, as matérias que tratem de temas ligados à cidadania. Elas podem abordar tanto os direitos quanto os deveres dos cidadãos e do governo.

2. Leiam as matérias e destaquem: o tema principal, quem são os envolvidos/responsáveis, os problemas ou soluções apontados. Para isso, vocês podem sublinhar trechos dos textos usando, por exemplo, lápis de cores diferentes. No final, separem as matérias em dois blocos: um em que vocês observam a prática da cidadania, outro em que ela não acontece.

3. Colem cada matéria em uma folha de papel avulsa. Na mesma folha ou em outra, anotem: a fonte de onde a matéria foi retirada (nome do jornal, da revista ou do endereço eletrônico), a data em que foi publicada, o título e o assunto de que ela trata (escrevam um pequeno resumo da matéria, citando os principais aspectos).

4. Na sala de aula, leiam para todos os colegas os dados que levantaram sobre as matérias pesquisadas. No final, juntem seu material com o dos outros grupos. Lembrem-se de mantê-los separados em dois blocos (um em que se observa o exercício da cidadania e outro em que ele não ocorre).

Conclusão

Com base nas matérias selecionadas, reflitam sobre as perguntas abaixo e façam as anotações que julgarem necessárias.

1. Quais são os principais problemas apontados nas matérias?

2. Quem são os responsáveis por eles? Quem sofre as consequências desses problemas?

3. Há propostas para a solução desses problemas? Quais?

4. Quais são os grupos responsáveis por solucionar os problemas? Quais foram as providências tomadas?

5. Há outras maneiras de resolver esses problemas? Quais?

6. Quais são os exemplos de exercício da cidadania no município?

Com base nas anotações do grupo, escrevam em uma folha avulsa um texto coletivo com o título **O exercício da cidadania em nosso município**. No final, ilustrem seu texto com fotos ou desenhos.

Guardem todo o material produzido (as matérias jornalísticas e o texto que o grupo escreveu). Ele fará parte de um projeto mais amplo, que vocês vão desenvolver ao longo deste ano.

O que aprendi?

1 Analise o esquema abaixo e explique o que você entendeu.

2 Forme dupla com um colega e façam uma pesquisa sobre o município onde moram. Depois, preencham o quadro a seguir com os dados solicitados.

Nome completo do município	
Data de fundação	
Número de habitantes	
Principal atividade econômica	
Outras atividades econômicas desenvolvidas no município	

Dica: Para obter essas informações, entrevistem os professores da escola ou pesquisem em livros e jornais, na prefeitura ou no *site* oficial do município. Vocês podem consultar também o *site* do Instituto Brasileiro de Geografia e Estatística (IBGE). Disponível em: <http://linkte.me/t0zv6>. Acesso em: 15 abr. 2016. No menu superior, façam uma pesquisa pelo nome do município.

3 Leia a carta que Sara escreveu para o amigo João.

> Meu caro João,
>
> Um dia todos nós vamos receber uma carta. Ela chegará como um sonho, nos acordando para nossos Direitos e Deveres. Todas as palavras serão conhecidas. Será uma carta clara como os nossos desejos. Passaremos a morar em um país correspondido.
>
> Mando ainda três palavras para nossa correspondência: Eleitor, Expressão e Escola.
>
> Sua amiga,
>
> Sara

Bartolomeu Campos de Queirós. *Correspondência*. Belo Horizonte: RHJ, 2004. s. p.

■ Agora é sua vez! Em uma folha avulsa, escreva o rascunho de uma carta para um colega, utilizando as palavras **direitos**, **deveres**, **eleitor**, **expressão** e **escola**.

4 Observe a foto, leia a legenda e responda às questões.

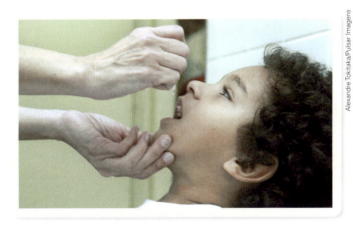

Criança recebendo vacina durante campanha de vacinação em uma Unidade Básica de Saúde na cidade de São Paulo. Foto de 2012.

a. Que atividade está sendo realizada e em que local?

b. Em que município e estado está situado esse local?

c. A criança na foto está tendo um de seus direitos atendidos? Explique.

UNIDADE 2

O trabalho no município

No município, tanto no campo como na cidade, homens e mulheres trabalham em diferentes atividades. Em todos os municípios há prestação de serviços, produção de alimentos e, ainda, a fabricação dos mais variados objetos.

- A ilustração ao lado representa diferentes locais de trabalho em um município.

    a. Entre esses locais, quais se encontram no campo e quais se encontram na cidade?

    b. Que atividades profissionais podem ser realizadas em cada um desses locais de trabalho?

    c. Quais ferramentas e máquinas mais usadas no campo você conhece? E na cidade?

    d. Quais são as diferenças principais entre o ambiente de trabalho no campo e o ambiente de trabalho na cidade?

- Que contatos entre moradores do campo e da cidade podem ocorrer por meio de atividades realizadas em locais como os da cena?

CAPÍTULO 1 — O trabalho no campo

Os principais trabalhos realizados no campo consistem em cultivar a terra (agricultura), criar animais (pecuária) e extrair recursos naturais (extrativismo). Mas, assim como nas cidades, também há atividades de transformação de matérias-primas (indústria e artesanato). Veja alguns exemplos.

Colheita mecanizada de soja em Tangará da Serra, MT. Foto de 2012.

Peão recolhendo gado em pequena propriedade de São Martinho da Serra, RS. Foto de 2013.

Tratamento de couro em máquinas de uma indústria na área rural de Cabaceiras, PB. Foto de 2012.

Artesão trança folha de babaçu para fazer um telhado em José de Freitas, PI. Foto de 2012.

Ordenha mecanizada em Jandaia, GO, 2012.

Pescadores em Raposa, MA. Foto de 2013.

1 Agora, escreva em cada foto a letra correspondente à atividade.

A: Agricultura   **B**: Pecuária   **C**: Extrativismo   **D**: Indústria   **E**: Artesanato

A agricultura e a pecuária

A **agropecuária** é o conjunto de atividades ligadas à **agricultura** e à **pecuária**. É o setor econômico que se destaca no campo, produzindo carne, couro, frutas, lã, leite, ovos, legumes, verduras, grãos, etc. No Brasil, parte da produção agropecuária abastece a população com alimentos e fornece matérias-primas para as indústrias. Outra parte é destinada à **exportação**.

A cana-de-açúcar é uma das principais matérias-primas de origem agrícola no Brasil. Na foto, indústria (usina) de produção de etanol e açúcar a partir da cana em Araraquara, SP. Foto de 2013.

Plantação de algodão em São Desidério, BA. Foto de 2013.

Essas atividades podem ser desenvolvidas em propriedades de diferentes tamanhos e apresentar variações nas condições de trabalho e nas **técnicas** utilizadas.

> **Exportação:** venda de produtos a outros países.
> **Técnica:** procedimento empregado na realização de uma atividade.

A agropecuária também pode ser **comercial**, quando o objetivo é a venda da produção, ou de **subsistência**, quando a maior parte dos produtos é consumida pela própria família que realiza a produção.

1 Reúna-se com um colega e respondam às questões abaixo.

　　a. Tentem descobrir um produto feito com cada matéria-prima de origem agropecuária citada a seguir.

| carne | frutas | soja | algodão | trigo | couro | lã | leite |

_____

_____

_____

　　b. Quais dessas matérias-primas também são alimentos que podemos consumir sem precisar transformá-los em outros produtos?

_____

45

■ Técnicas tradicionais de cultivo

As **técnicas tradicionais** de cultivo reúnem conhecimentos passados de geração em geração (de pais para filhos) e compartilhados pelos agricultores ao longo do tempo.

Essas técnicas caracterizam-se pelo emprego do trabalho manual e pelo uso de instrumentos simples, como enxadas, foices, facões e **arados** puxados por animais, como bois e cavalos.

> **Arado:** ferramenta agrícola usada para remexer e afofar a terra, preparando-a para receber as sementes. É puxado por animais.

O uso de técnicas tradicionais é comum na agricultura de subsistência: em pequenas propriedades, os agricultores plantam para consumo da própria família e para vender pequenas quantidades dos produtos em cidades próximas.

Arado puxado por bois em Virgínia, MG. Foto de 2013.

2 Observe novamente as fotos da página 44. Alguma delas se refere à agricultura com técnicas tradicionais? Por quê?

_____

_____

3 Que tipos de técnica e instrumentos são utilizados na agricultura de subsistência? Converse com a turma.

Técnicas modernas de cultivo

O desenvolvimento da agricultura por meio de **técnicas modernas** envolve a utilização de conhecimentos científicos e o emprego de máquinas, equipamentos avançados e produtos industrializados, como **adubos** químicos, **agrotóxicos** e sementes especiais. Esse tipo de produção exige trabalhadores qualificados e utiliza pouco trabalho manual.

Adubo: produto que melhora a fertilidade do solo.
Agrotóxico: produto que combate pragas e doenças que atacam as lavouras.

A produção moderna, destinada a atender ao comércio e à indústria, transforma intensamente as paisagens do campo. Na foto, sistema moderno de irrigação, que torna a plantação menos dependente das condições da natureza. Porto Nacional, TO, em 2013.

Quanto mais avançadas as técnicas empregadas na agricultura, maior é sua produtividade. No entanto, os investimentos para esse tipo de produção são elevados. Por isso, no Brasil, os agricultores que praticam a agricultura comercial em grandes propriedades, obtendo melhores rendimentos, são os que têm mais condições de investir na melhoria da produção. Mesmo assim, a agricultura moderna já é praticada em muitas propriedades menores.

+ SAIBA MAIS

Em pequenas propriedades de subsistência, é comum a **policultura**, ou seja, o cultivo de vários produtos diferentes, para atender às necessidades dos agricultores. Entre as grandes propriedades comerciais, no entanto, predomina a **monocultura**, isto é, o cultivo de um único tipo de produto.

4 Na agricultura moderna, é possível alcançar grande produção. Considerando isso, elabore hipóteses para responder às questões.

a. Por que essa atividade não requer muitos trabalhadores?

b. Por que quem trabalha nessa atividade precisa ter boa qualificação?

Técnicas tradicionais de criação

Na **pecuária tradicional**, ou **pecuária extensiva**, os animais são criados soltos no pasto, onde se alimentam de capim e têm espaço para se movimentar. São utilizadas técnicas simples na criação desses animais.

Esse tipo de pecuária pode ser praticado em grandes fazendas, com objetivo comercial, ou por pequenos produtores, com o objetivo de complementar a agricultura de subsistência. Nesse caso, o gado é criado não só como fonte de alimento, mas também para o trabalho agrícola.

Animais pastando em propriedade rural onde é praticada a pecuária extensiva. São Martinho da Serra, RS. Foto de 2013.

5 Identifique com **X** os itens que caracterizam corretamente a pecuária tradicional.

☐ O gado é criado solto.

☐ O gado é alimentado apenas com ração.

☐ As técnicas empregadas são pouco avançadas.

☐ Pode ser uma fonte de alimento para os criadores.

Técnicas modernas de criação

Os animais criados por meio de **técnicas modernas** geralmente ficam presos em espaços fechados e cobertos. Eles recebem alimentação e medicamentos controlados e se movimentam pouco, o que possibilita que eles cresçam e ganhem peso de forma mais rápida. No caso da pecuária, quando há o emprego de técnicas modernas, ela é conhecida como **pecuária intensiva**.

A criação realizada em estábulos ou em viveiros permite melhor controle da higiene dos animais, o que reduz o risco de contraírem doenças e, consequentemente, de contaminarem os alimentos derivados, como o leite, a carne e os ovos.

Vacinação de gado em Inhumas, Goiás. Foto de 2012.

Criação de galinhas em Holambra, SP. Foto de 2013.

6 Por que o emprego de técnicas modernas de criação possibilita produzir mais em menor tempo, em comparação com o sistema tradicional?

_____
_____
_____
_____

7 Converse com os colegas e o professor sobre a produção de alimentos de origem animal. Debatam sobre os cuidados necessários para evitar maus-tratos aos animais e sobre os riscos para a saúde das pessoas que consomem esses alimentos.

O extrativismo

O **extrativismo** é a atividade que retira recursos diretamente da natureza. Os recursos naturais podem ser de origem vegetal, animal ou mineral.

No Brasil, muitas famílias sobrevivem retirando pequenas quantidades de recursos da natureza. Para essas famílias, o extrativismo é a única fonte de renda ou uma forma de complementar o sustento obtido com a agricultura e a pecuária.

Também existem no país indústrias extrativistas que exploram recursos em grandes quantidades.

O extrativismo vegetal

Por meio do **extrativismo vegetal**, é possível obter vários produtos, como madeira, castanhas, látex e palmito. Esses produtos podem ser extraídos utilizando-se técnicas modernas ou técnicas tradicionais.

Atualmente, a extração da madeira das florestas brasileiras é feita de forma intensa com o uso de máquinas, que aceleram o ritmo do desmatamento.

Já a extração do látex é realizada por meio de técnicas tradicionais. Os **seringueiros** fazem sulcos no tronco das árvores, por onde escorre o látex.

Área devastada da floresta Amazônica em Altamira, PA. Foto de 2012.

> **Látex:** líquido extraído do tronco de alguns tipos de árvore. O látex da seringueira é utilizado para a fabricação da borracha natural.
> **Seringueiro:** pessoa que trabalha na extração do látex da seringueira.

Para a extração do látex não é preciso derrubar as árvores. São feitos sulcos pouco profundos no tronco das seringueiras, e esses sulcos não prejudicam as árvores. Amazonas. Foto de 2013.

O extrativismo animal

Fazem parte do **extrativismo animal** atividades como caça, pesca, coleta de ovos, mel e outros produtos retirados diretamente do ambiente natural.

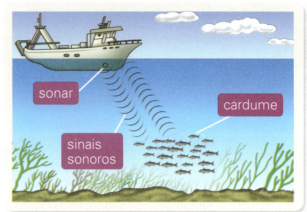

A pesca é uma atividade muito importante, especialmente para a população que vive no litoral ou perto de rios. A **pesca artesanal**, feita com equipamentos simples, destina-se a consumo próprio ou venda, em geral nos mercados locais. Pescadores no rio São Francisco, em Pirapora, MG. Foto de 2012.

Na **pesca industrial**, utilizam-se equipamentos modernos, como os sonares. Estes localizam os peixes no fundo do mar, por meio da emissão de sinais sonoros. Essa prática facilita a captura dos cardumes, mas também pode contribuir para a redução da quantidade de peixes ou mesmo para a extinção de espécies.

O extrativismo mineral

Muitos produtos que usamos são feitos com recursos minerais, como o ferro, o alumínio, o carvão e o petróleo. Esse tipo de atividade econômica recebe o nome de **extrativismo mineral**.

Área de extração de pedras para construção em Ribeirão Preto, SP. Foto de 2012.

1 Leia estes versos e identifique o tipo de extrativismo a que se referem.

> Cesto de peixes no chão.
> Cheio de peixes, o mar.
> Cheiro de peixe pelo ar.
> E peixes no chão.

Cecília Meireles. Pescaria. Em: *Ou isto ou aquilo*. Rio de Janeiro: Nova Fronteira, 1990. Disponível em: <http://linkte.me/b6p1v>. Acesso em: 12 abr. 2016.

Agora já sei!

1 Leia o texto e responda às questões a seguir.

No dicionário, "boia-fria" é o "trabalhador agrícola que se desloca diariamente para propriedade rural, geralmente para executar tarefas sob empreitada". Mas o dicionário não menciona suas condições indignas e perigosas de trabalho. Sem direitos, sem educação, trabalhando nas terras de outro por salários que não são suficientes nem para uma pessoa, que dirá para uma família.

O termo boia-fria surgiu do costume destes trabalhadores de levar uma marmita consigo logo cedo e, na hora do almoço, comê-la fria mesmo (boia, uma gíria para comida + fria).

Empreitada: serviço informal cujo pagamento é feito por trabalho realizado, sem levar em conta o tempo gasto.
Marmita: vasilha em que se transporta a refeição individual para o local de trabalho ou de estudo.

O grande problema dos boias-frias é que suas condições de trabalho são as piores possíveis, estando muitas vezes aliadas às condições de escravidão e trabalho infantil.

Em Ribeirão Preto, em junho de 2007 foi feita uma denúncia da morte de quinze pessoas por causa de trabalho excessivo na colheita da cana-de-açúcar. Segundo a denúncia feita pelo "Relatório Nacional de Direitos Humanos, Econômicos, Sociais e Culturais" [...], a morte dos quinze trabalhadores teria ocorrido [...] pelo trabalho excessivo e pela falta de água potável, moradia apropriada, equipamentos de primeiros socorros e ambulância.

Caroline Faria. Boias-frias. InfoEscola. Disponível em: <http://linkte.me/y1x8f>. Acesso em: 23 fev. 2016.

a. Considerando que os boias-frias fazem a colheita com as mãos ou usam ferramentas como facões e foices, classifique o trabalho deles segundo as técnicas utilizadas.

_____

_____

b. Releia este trecho do texto: "O grande problema dos boias-frias é que suas condições de trabalho são as piores possíveis, estando muitas vezes aliadas às condições de escravidão e trabalho infantil".

Agora, converse com os colegas e o professor.

- Como será o dia a dia de uma criança que trabalha na colheita da cana-de-açúcar?
- Como você se sentiria se estivesse no lugar dela?
- O direito dessa criança à educação e ao lazer é respeitado?

2 Observe as imagens e converse com os colegas e o professor para responder às questões.

Pescadores em Camamu, BA. Foto de 2012.

Criação de gado em Rio Branco, AC. Foto de 2012.

Irrigação por aspersão em estufa de hortaliças em Guatambú, SC. Foto de 2015.

Mina de amianto em Minaçu, GO. Foto de 2012.

a. Quais atividades estão representadas nas fotos?

_____
_____

b. Em qual ou quais dessas atividades são usadas técnicas tradicionais? E em qual ou quais são usadas técnicas modernas?

_____
_____
_____

c. Das atividades representadas, cite duas que causam grandes problemas ao ambiente.

_____
_____

d. Quais dessas atividades são praticadas no município em que você vive?

_____
_____

CAPÍTULO 2 — O trabalho na indústria e o trabalho artesanal

Muitos materiais que o ser humano obtém na natureza são transformados de modo artesanal ou industrial para criar os mais variados produtos.

1 A imagem acima mostra alguns brinquedos feitos de modo artesanal e outros feitos de modo industrial. Responda às questões a seguir.

a. Quais brinquedos foram feitos de modo artesanal?

_____

b. Quais foram feitos de modo industrial?

_____

2 Converse com os colegas e o professor sobre as questões a seguir.

a. Será que todas as crianças possuem brinquedos? O que você pensa sobre isso?

b. Você já fez algum brinquedo? Qual? Como foi essa experiência? Se nunca fez, conte qual brinquedo gostaria de fazer e por quê.

A indústria

A principal característica da **atividade industrial** é a fabricação de produtos em grande quantidade. Para isso, usam-se máquinas, que possibilitam a produção de muitos artigos em um tempo menor do que se fossem feitos de modo artesanal.

Nas indústrias, as matérias-primas vindas da agricultura, da pecuária e do extrativismo são transformadas em outros produtos. No exemplo ilustrado abaixo, o couro, obtido na pecuária, é transformado em calçados. Observe.

Para funcionar, a indústria precisa de trabalhadores, de matéria-prima, de eletricidade, de meios de transporte (para deslocar pessoas, matérias-primas e mercadorias prontas), entre outros itens.

1 Relacione as cenas acima aos trabalhadores mencionados a seguir.

☐ vendedor   ☐ vaqueiro   ☐ empacotador

☐ costureiro   ☐ operador de máquinas

☐ projetista   ☐ motorista

■ Tipos de indústria

Existem diferentes tipos de indústria: de alimentos, roupas, automóveis, brinquedos, eletrodomésticos, remédios, tratores e de muitos outros produtos, que são vendidos no comércio. Há também indústrias que fabricam materiais para outras indústrias ou para empresas de outros setores.

A maior parte das indústrias localiza-se nas cidades, mas também há indústrias no campo. Entre elas, destacam-se as **agroindústrias**, que transformam matérias-primas de origem agropecuária em produtos como açúcar, suco, queijo, linguiça, etc. Veja exemplos dessa diversidade de indústrias.

Fábrica de produtos têxteis em Pedro Leopoldo, MG, 2013.

Indústria e moinho de trigo em Sertanópolis, PR, 2014.

Fábrica de eletrodomésticos em Varginha, MG, 2013.

Produção de carros em Betim, MG, 2013.

Linha de montagem de helicópteros em Itajubá, MG, 2012.

Fabricação de latas para tintas em São Paulo, SP, 2013.

2 Escreva um exemplo de produto fabricado em cada tipo de indústria.

a. Eletrônica: _____

b. Alimentícia: _____

c. Automobilística: _____

d. Têxtil: _____

As técnicas de produção

A atividade industrial, com o passar do tempo, vai incorporando novas tecnologias. Assim, o volume de artigos fabricados e a velocidade da produção aumentam, enquanto o número de empregados tende a diminuir.

Na indústria automobilística, por exemplo, a modernização das máquinas reduz cada vez mais a necessidade de empregar trabalhadores. Observe.

Operários na montagem de automóveis em São Paulo, SP, em 1923. Nessa época, a produção brasileira anual não chegava a 5 mil veículos.

Produção de automóveis com o uso de robôs em Camaçari, BA. Foto de 2015. Atualmente, são produzidos milhões de veículos por ano no Brasil.

3 Comparando as fotos, o que você observa em relação ao uso de máquinas e à quantidade de trabalhadores?

_____
_____
_____

4 As transformações ocorridas na produção, tanto no campo como na cidade, exigem trabalhadores mais qualificados, que entendam o funcionamento de modernos equipamentos e saibam operá-los.

a. Quais são as condições necessárias para os trabalhadores se qualificarem?

_____
_____

b. Será que todas as pessoas conseguem obter qualificação profissional? Por que isso acontece?

_____
_____

As indústrias e o meio ambiente

Muitas indústrias emitem substâncias poluentes, que causam danos ao ambiente e aos seres vivos. Para reduzir esses danos, é importante que elas tomem medidas como filtrar a fumaça que emitem, tratar a água utilizada antes de lançá-la nos rios e enviar os resíduos industriais para locais adequados.

Quem adquire produtos industrializados também deve cuidar do ambiente. Uma das maneiras de fazer isso é evitar o consumo excessivo e o desperdício.

Algumas indústrias transformam materiais já utilizados em produtos novos. Esse processo é a **reciclagem**, que possibilita reduzir a extração de matérias-primas e diminuir o volume de resíduos.

5 Complete o esquema a seguir, ordenando as peças da página 147.

Representações

Trabalhando com as informações dos mapas

O mapa de Goiás e Distrito Federal a seguir representa dois tipos de informações: locais onde há indústrias, indicados por um círculo, e a quantidade de indústrias em cada local, indicada pelo tamanho do círculo. Leia-o com atenção e responda às questões propostas.

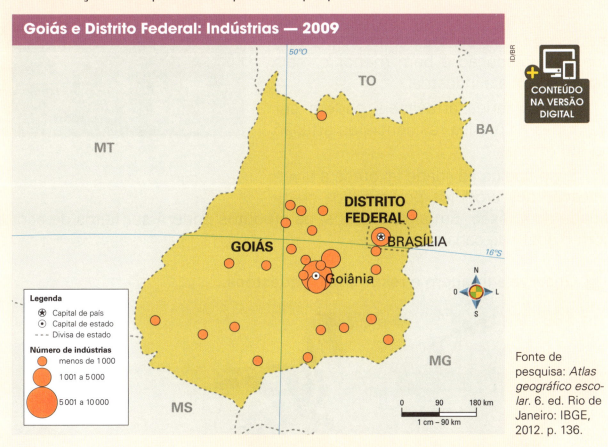

Fonte de pesquisa: *Atlas geográfico escolar*. 6. ed. Rio de Janeiro: IBGE, 2012. p. 136.

1 De acordo com a legenda, qual é a relação entre o tamanho do círculo e a quantidade de indústrias em cada local do mapa?

2 Como as indústrias se distribuem pelo território goiano?

3 A maior concentração de indústrias se encontra no entorno de Goiânia ou de Brasília?

O artesanato

O **artesanato** é uma atividade econômica que transforma diferentes matérias-primas em produtos para o consumo. Essa transformação geralmente é feita de forma manual, com o uso de equipamentos e ferramentas simples.

Em geral, o artesão realiza todas as etapas do processo, até chegar ao produto final, e a produção é bem menor e mais demorada que a industrial.

As atividades artesanais podem ser realizadas na própria residência do artesão ou em oficinas.

Esse tipo de atividade favorece a diversificação dos produtos por meio da criatividade do artesão. Em alguns casos, os produtos podem ser feitos de acordo com o gosto de cada cliente.

Objetos artesanais feitos em Olinda, PE. Foto de 2013.

1 Observe a imagem e responda às questões.

Artesã confecciona peça com bilros, ferramentas de madeira para tecer a renda, em Nísia Floresta, RN. Foto de 2012.

a. Que peça a artesã está confeccionando?

_____

b. Que material ela usa para fazer a peça de renda?

_____

c. Cite duas características do trabalho dessa artesã que são muito diferentes da produção industrial.

Muitos artesãos são verdadeiros artistas. Por meio de técnicas de escultura, pintura, cerâmica e outras, eles criam obras que representam aspectos da cultura e do lugar onde vivem.

Recursos naturais como areia, argila, madeira, sementes e fibras, encontrados nas proximidades de onde vivem os artesãos, podem servir de matéria-prima a esses trabalhadores.

Para divulgar e vender as peças que produzem, vários artesãos organizam-se em **cooperativas**. Assim, eles conseguem participar de feiras para expor seus produtos e vendê-los diretamente ao consumidor por preços mais justos.

Cooperativa: sociedade formada por pessoas que se organizam economicamente para atingir objetivos que beneficiem a todos. Em geral, o valor recebido pelos produtos ou serviços é distribuído entre os associados.

Artesã bordando, em Piranhas, AL. Foto de 2016.

2 Leia o texto abaixo sobre uma cooperativa de artesãs do bairro Poti Velho, no município de Teresina, e responda às questões a seguir.

[...] A Cooperart Poti é formada por 39 mulheres que fazem e contam sua história a partir da cerâmica. Atualmente as cooperadas desenvolvem peças decorativas, utilitárias e acessórios de moda como colares, brincos e pulseiras. "É muito gratificante representar o artesanato piauiense em um evento grandioso como o Mulher Artesã Brasileira. Além disso, é uma excelente oportunidade para dar mais visibilidade às cerâmicas produzidas pela cooperativa", afirma Raimunda Teixeira [presidente da instituição].

"Mulheres do Poty" expõem em Nova York. Cooperart-Poty. Disponível em: <http://linkte.me/x7e9i>. Acesso em: 24 fev. 2016.

a. Que objetos as mulheres associadas à Cooperart produzem?

b. Onde se localiza a Cooperart?

c. Em sua opinião, a cooperativa é importante para as mulheres do bairro? Por quê?

Agora já sei!

1 Observe a imagem e depois responda às questões a seguir.

a. Entre os objetos representados, cite quatro produzidos industrialmente.

_____

b. Na imagem, há objetos que podem ser produzidos artesanalmente? Em caso afirmativo, quais são?

_____

2 Leia o texto abaixo e, em seguida, faça o que se pede.

> A jornada de trabalho de um catador de lixo reciclável não é fácil. Ele passa até 16 horas diárias revirando resíduos em busca de garrafas plásticas, latas de alumínio, papel e papelão, para, ao fim do dia, vender o material por um preço módico. Uma maneira de melhorar a renda [...] é a formação de grupos ou cooperativas. Com esse tipo de associação [...] é possível diminuir o tempo de coleta, aumentar o valor dos produtos e permitir mais segurança e higiene.

Talita Bedinelli. Associar-se, a saída para catadores de lixo. Programa das Nações Unidas para o Desenvolvimento (Pnud). Disponível em: <http://linkte.me/wwu78>. Acesso em: 15 abr. 2016.

a. Escreva as palavras que você não conhece. Faça dupla com um colega, procurem essas palavras no dicionário e registrem o significado delas.

_____
_____
_____

b. Como é a rotina de um catador de material reciclável? Ele consegue ganhar um bom dinheiro com essa atividade?

_____
_____
_____

c. Que alternativa o texto aponta para melhorar a remuneração e as condições de trabalho dessas pessoas? Qual é a justificativa apresentada?

_____
_____
_____
_____

3 Além da reciclagem de materiais realizada em indústrias, é possível reutilizar determinados materiais ou ainda transformá-los manualmente em obras de arte, brinquedos ou objetos de uso cotidiano.

a. Analise os exemplos de reaproveitamento de materiais citados abaixo. Depois, indique, nos espaços, o número dos exemplos que são realizados em indústrias e dos que são feitos manualmente.

1. Transformação de latas de refrigerante em lâminas de alumínio.
2. Confecção de colares com lacres de latas de refrigerante.
3. Montagem de uma maquete com sucata.
4. Fabricação de roupas com fibras feitas de garrafas PET recicladas.

Processo artesanal: _____ Processo industrial: _____

b. Converse com a turma sobre a importância do combate aos problemas ambientais com a reutilização e a reciclagem de materiais, redução do desperdício e do consumo de produtos desnecessários, etc.

4 Assinale as frases com informações corretas sobre as indústrias.

☐ A atividade industrial pouco interfere nas paisagens.
☐ As indústrias se caracterizam por produzir em grandes quantidades.
☐ Apesar do uso de máquinas, as indústrias precisam do trabalho humano.
☐ As indústrias não causam problemas ao meio ambiente.

CAPÍTULO 3 — O trabalho na cidade

Você já observou os detalhes dos locais próximos a sua casa ou no caminho para a escola? A rotina das pessoas que vivem ou trabalham nesses locais é familiar para você? A seguir, leia o texto sobre um menino que vive em uma cidade e imaginou um jeito interessante de ver o bairro onde mora.

Mundinho se imaginou vendo o bairro lá de cima. E se imaginou voando sobre o caminho que sempre fazia, quando voltava da escola para casa. Viu, direitinho, a escola, o pipoqueiro que fazia ponto em frente à escola, a esquina da farmácia, a loja de ferragens, o depósito de material de construção, o açougue; viu também a casa do Ronaldão, seu colega de turma. Viu até mesmo o Ronaldão entrando em casa, e viu também a mãe do Ronaldão, que sempre usava um lenço na cabeça.

Murilo Cesalpino. *Tudo está sempre mudando*. Belo Horizonte: Formato, 1998. p. 9.

1 De acordo com o que o menino viu, responda:

a. Em que locais poderia haver pessoas trabalhando?

_____

_____

b. Que profissionais podem ser encontrados nesses locais?

_____

_____

O comércio

O comércio reúne atividades de **compra** e **venda** de produtos. Essas atividades podem ser realizadas em lojas, mercados, farmácias, barracas ou bancas na rua, pela internet ou por meio de vendedores que oferecem seus produtos de casa em casa ou para as pessoas na rua.

É por meio do comércio que os consumidores podem adquirir produtos vindos da agricultura, da pecuária, do extrativismo e da indústria.

As atividades comerciais concentram-se nas cidades, onde há mais acesso a itens necessários para seu funcionamento, como energia elétrica, telefonia, internet e meios de circulação. A proximidade com a maior parte dos consumidores também favorece a localização dos estabelecimentos comerciais nas cidades, pois nelas vive a maioria dos brasileiros.

No campo também há muitas atividades comerciais, como lojas de roupas, de produtos agrícolas, de louças, mercearias, farmácias e feiras.

Plantação de alface hidropônica em São José do Rio Preto, SP. Foto de 2013.

Feira livre no centro de Palmeiras, BA. Foto de 2015.

Indústria farmacêutica em Belo Horizonte, MG. Foto de 2013.

Farmácia em rua comercial de Miguel Pereira, RJ. Foto de 2013.

Os estabelecimentos comerciais

Os estabelecimentos comerciais variam muito. Nas cidades, há desde pequenas bancas de jornais até **hipermercados**.

Hipermercado: amplo supermercado onde é vendida grande variedade de produtos, desde alimentos até móveis e eletrodomésticos.

Em geral, o comércio se estende por toda a cidade. Mesmo nos bairros onde predominam moradias, costuma haver padarias, farmácias, lojas variadas e até grandes mercados.

Existem ruas em que predomina o comércio de um único tipo de produto, como roupas ou eletrônicos. Há também os *shopping centers*, que reúnem muitas lojas em um espaço fechado e atraem grande número de consumidores.

CONTEÚDO NA VERSÃO DIGITAL

Nas cidades brasileiras, é comum haver o **comércio informal**, improvisado em praças, calçadas e semáforos. Quem pratica esse tipo de comércio não tem acesso a direitos trabalhistas, como férias e seguro-desemprego, e não paga impostos. Grande parte dessas pessoas vai para o comércio informal por falta de emprego ou de rendimento melhor em outra atividade.

Rua comercial em Tanabi, SP, em 2014.

Comércio informal em Fortaleza, CE, em 2014.

1 Indique o nome do estabelecimento ou do tipo de comércio que:

a. reúne muitas lojas em um espaço fechado. _____

b. vende frutas e computadores no mesmo local. _____

c. tenha atividade improvisada e não paga imposto. _____

Os serviços

A **prestação de serviços** refere-se a atividades desenvolvidas por profissionais de várias áreas. Por exemplo, professores, médicos, mecânicos, motoristas de ônibus, técnicos em computador, eletricistas e muitos outros profissionais são prestadores de serviços.

Também prestam serviços os bancos, as empresas de telefone, as escolas, os hospitais, as empresas de internet, as emissoras de rádio e televisão, entre outras.

Muitos serviços são prestados por pessoas ou por empresas particulares. Já os **serviços públicos**, como o fornecimento de água, energia elétrica, educação, saúde, segurança e transporte coletivo, considerados essenciais, são prestados diretamente pelo governo ou por empresas que devem seguir regras especiais e ser fiscalizadas pelo governo.

Agência bancária em Parauapebas, PA. Foto de 2013.

Unidade Básica de Saúde em Porto de Pedras, AL. Foto de 2015.

Estação de metrô no município de São Paulo. Foto de 2012.

Manutenção da rede elétrica no município de São Paulo. Foto de 2012.

1 Tanto na cidade como no campo são oferecidos serviços públicos.

- Forme dupla com um colega e façam uma lista dos serviços públicos existentes no local onde fica a escola em que vocês estudam.

Os direitos do consumidor

Quem compra produtos ou contrata serviços tem vários direitos. Por exemplo, quando compramos uma geladeira, ela deve funcionar bem; quando alguém conserta um vazamento no banheiro, o serviço tem de ser feito corretamente.

Os direitos do consumidor são garantidos por um conjunto de leis que constitui o **Código de Defesa do Consumidor**.

Para fazer valer seus direitos, o consumidor precisa ter a **nota fiscal** do produto adquirido ou do serviço prestado. No documento constam diversas informações, como o nome da loja ou do prestador de serviços, a identificação da mercadoria ou do serviço, o valor cobrado e os impostos retidos.

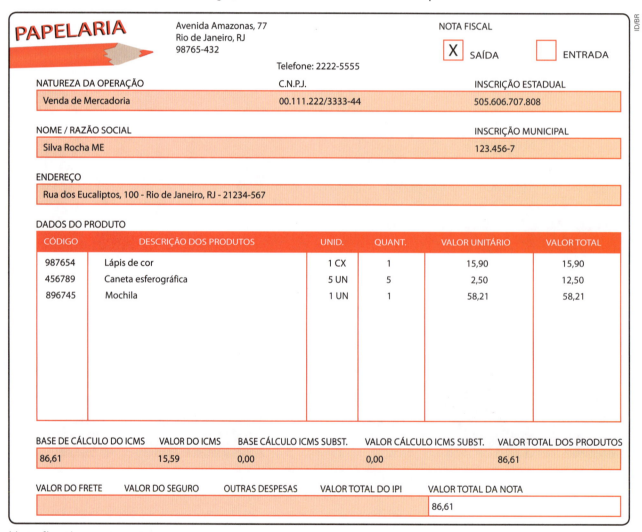

Nota fiscal.

2 Imagine que você comprou uma camiseta. Quando chegou em casa, viu que a camiseta tinha um defeito na costura. Qual é o documento que você deve levar à loja para fazer a troca? Por quê?

O consumo e a propaganda

No dia a dia, precisamos de vários produtos e utilizamos vários serviços. Muitas vezes, no entanto, acabamos adquirindo muito mais do que necessitamos. A **propaganda**, que também é um tipo de serviço, não apenas informa as características dos produtos, mas também estimula as pessoas a comprar cada vez mais, ou seja, a consumir.

Os anúncios de produtos e serviços estão por toda a parte: nas ruas, em jornais e revistas, na internet, no cinema, na televisão, no rádio. Às vezes, influenciados pela propaganda, compramos produtos dos quais não precisamos. Usamos uma vez e deixamos o produto de lado.

O consumo exagerado, chamado **consumismo**, leva ao desperdício e, consequentemente, ao acúmulo de lixo e à maior exploração de recursos da natureza.

3 Acompanhe a sequência destas cenas.

a. Converse com a turma sobre as questões a seguir.

- O que a primeira cena mostra?
- Na segunda cena, o que o pai e o menino estão fazendo?
- O que a terceira cena mostra? Por que será que isso acontece?

b. De acordo com o que você leu sobre consumismo, escreva uma explicação que o pai poderia dar ao filho mostrando que não há necessidade de comprar uma mochila nova, evitando, assim, o consumismo.

Agora já sei!

1 Fábio ganhou um carrinho muito legal no aniversário dele. Ele tinha visto na televisão que o carrinho tocava a buzina, piscava os faróis, fazia mais uma porção de coisas. Mas, quando o menino pôs o brinquedo para funcionar, que decepção!

- Forme dupla com um colega e respondam: O que pode ser feito para que os direitos de Fábio sejam respeitados?

_____
_____
_____

2 Em muitos estados e municípios, o governo faz campanhas para que as pessoas exijam nota fiscal ao fazer qualquer compra.

- Converse com os colegas e o professor sobre o objetivo dessas campanhas. Depois, escreva sua conclusão nas linhas a seguir.

_____
_____
_____
_____

3 Você já teve vontade de comprar um produto porque viu uma propaganda, mas, ao refletir melhor, decidiu que ele não era necessário?

a. O que o fez mudar de ideia?

_____

_____

b. O consumo impulsivo é aquele que nos leva a comprar sem pensar na real necessidade do produto. Por que evitar esse tipo de consumo pode ser importante para a preservação da natureza?

_____

_____

_____

4 Observe a rotina da escola onde estuda e escreva quais serviços públicos são essenciais para o funcionamento dela. No final, compare sua resposta com as respostas dos colegas.

_____

_____

_____

5 No quadro abaixo, constam nomes de várias profissões. Sublinhe quais estão relacionados à prestação de serviços.

| médico | agricultor | professor | operário da indústria | cabeleireiro |
| pecuarista | balconista | pedreiro | eletricista | coletor de castanhas |

6 Leia o texto a seguir.

> Quase tudo que compramos hoje vem dentro de uma embalagem, que pode ser caixa, garrafa, saquinho ou lata. E para onde vão todas essas caixas? Para o lixo! Agora, será que não podemos dar um destino mais feliz para elas? Claro! Uma ideia é separar as embalagens pelo seu material (plástico, vidro, papel e metal) antes de jogarmos no lixo, pois assim elas poderão ser recicladas e transformadas em coisas novas. [...] Crie, invente, use de novo!

Ministério do Meio Ambiente. *Consumismo infantil*: na contramão da sustentabilidade. Disponível em: <http://linkte.me/ih1wi>. Acesso em: 25 fev. 2016.

■ Converse com os colegas e o professor sobre ideias para evitar que as embalagens sejam descartadas no lixo.

Vamos fazer!

As principais atividades econômicas do município

Diferentes atividades são desenvolvidas em todos os municípios. Vamos conhecer um pouco sobre o extrativismo vegetal em Oriximiná, PA, que é fonte de renda de diferentes grupos. Entre eles, há a **comunidade quilombola** local.

Comunidade quilombola: povoado ou bairro formado por descendentes de africanos escravizados que guardam tradições, memórias e modos de vida de seus antepassados.

O ciclo de produção das castanheiras vai de dezembro a junho. A atividade de coleta é mais intensa no período de fevereiro a maio.
[...]
Os principais instrumentos utilizados pelos castanheiros na lida com a castanha são o facão e o paneiro (um cesto para transporte da castanha). A canoa é importante meio de transporte.
[...]
A castanha percorre vários caminhos: do castanhal para o tapiri [acampamento] e de lá para a comunidade ou para os armazéns comunitários. No castanhal, a produção é carregada dentro dos paneiros nas costas dos quilombolas. [...]
Nos outros trechos, as castanhas são transportadas em pequenas canoas pelos igarapés [...].
[...]
A castanha é levada até a cidade de Oriximiná, onde é medida e vendida para as usinas de beneficiamento.
No Pará, as principais usinas estão localizadas nas cidades de Belém, Oriximiná e Óbidos. [...]

Oriximiná (PA): Localização

Fonte de pesquisa: IBGE. Disponível em: <http://linkte.me/u9il8>. Acesso em: 15 abr. 2016.

Transporte de castanhas pelo rio Trombetas em Oriximiná, PA. Foto de 2013.

Paisagem da comunidade quilombola de Cachoeira Porteira, em Oriximiná, PA. Foto de 2013.

Comissão Pró-Índio de São Paulo. Quilombolas em Oriximiná. Disponível em: <http://linkte.me/v64k7>. Acesso em: 15 abr. 2016.

Agora é sua vez! A turma será dividida em grupos. Cada grupo vai pesquisar sobre uma atividade econômica praticada no município onde vocês moram e sobre os trabalhadores que a realizam.

O tema da pesquisa poderá ser agricultura, pecuária, extrativismo, artesanato, indústria, comércio ou serviços.

Como fazer

1. Pesquisem a atividade escolhida em *sites* da prefeitura ou de organizações da região, em jornais e revistas, entrevistando adultos, etc. Procurem saber:
   - o local do município onde a atividade econômica é praticada;
   - como ela é desenvolvida;
   - quem são as pessoas que trabalham nessa atividade e o que fazem;
   - quais são as condições de trabalho (se ganham muito ou pouco, se usam técnicas modernas ou tradicionais, como os trabalhadores estão organizados, etc.).

2. Em uma folha avulsa, escrevam as informações obtidas. Vocês também podem complementar a pesquisa entrevistando um trabalhador ou copiando um poema ou a letra de uma canção sobre o tema.

3. Façam desenhos ou colem imagens (fotos, mapas, gráficos) que representem a atividade pesquisada.

4. Organizem as informações em um painel e preparem uma apresentação para a turma.

5. Na data combinada com o professor, apresentem o que descobriram e ouçam as apresentações dos outros grupos. Se tiverem alguma dúvida, perguntem aos colegas.

6. Depois das apresentações, guardem com cuidado os materiais que foram apresentados. Eles serão aproveitados em outra atividade que será proposta mais adiante.

O que aprendi?

1 Leia o texto abaixo e responda às questões propostas.

> O cercado dos animais era outra distração da meninada. Além do cercado grande, havia uma ou duas áreas grandes, chamadas de "solta", onde se pastoreava o gado. Havia uma enorme plantação de capim. Ir para o corte de cana acompanhar os carreiros [...] era uma satisfação. No final da manhã ou da tarde, os carros voltavam cheios de olho de cana [pontas da cana] para o gado. [...]
>
> Outro lugar gostoso era a olaria. Meu cunhado sempre fazia tijolo para vender [...]. Fazer boi de barro, tijolinho de caixa de fósforos, construir cercados de miniatura, com a casa do engenho, os tachos de mel, os carros de boi [...].

Abdalaziz de Moura. Uma contribuição para o estudo das mudanças da Zona da Mata de Pernambuco. Serta. Disponível em: <http://linkte.me/d573f>. Acesso em: 25 fev. 2016.

a. O texto trata de um local no campo ou na cidade? _____

b. Quais são as atividades econômicas mencionadas no texto?
_____
_____

c. As crianças gostavam muito de brincar na olaria. Quais eram os materiais que elas usavam para brincar e quais eram os brinquedos preferidos delas?
_____
_____
_____

2 A imagem do lenhador triste após ter extraído todas as árvores simboliza a exploração excessiva da natureza pelos seres humanos. Converse com os colegas e o professor.

a. Quais os problemas que a exploração excessiva da natureza pode gerar?

b. A responsabilidade sobre esses problemas é só de quem extrai diretamente os recursos ou de toda a sociedade?

Charge de Jean Galvão.

3 Faça uma pesquisa sobre alguns alimentos consumidos em sua casa e registre as informações coletadas abaixo.

Alimentos	Municípios de origem	Locais onde foram obtidos ou comprados

4 Leia a história e observe a ilustração.

— Garçom, tem uma mosca na minha sopa!
— Não tem problema. Pode secar as perninhas dela no pão.

Ziraldo. *Rolando de rir*. São Paulo: Melhoramentos, 2005. p. 33.

a. Onde o Menino Maluquinho está? Que tipo de atividade é exercida nesse estabelecimento?

_____

b. Levando em consideração os direitos do consumidor, desenhe um final para a tira do Menino Maluquinho.

UNIDADE 3

Comunicação e transporte

Os diferentes lugares podem se conectar por meio da circulação de pessoas, que transportam produtos ou levam informações. Outro modo de integrar lugares distantes e as pessoas que vivem neles é pelos meios de comunicação.

- Dos meios de transporte representados na ilustração, quais são mais usados para transportar pessoas e quais são mais usados para transportar mercadorias?

- Você vai à escola a pé ou utiliza algum veículo como meio de transporte?

- Que meios de comunicação você utiliza em seu dia a dia?

- Quais dos equipamentos representados na imagem são utilizados para a comunicação entre lugares distantes?

- O lugar onde você vive apresenta alguma característica que dificulta ou favorece o uso de algum meio de transporte ou de comunicação? Explique.

CAPÍTULO 1

Meios de comunicação

As lendas são histórias com elementos imaginários, baseadas ou não em fatos reais. Geralmente são transmitidas de forma oral, de pessoa para pessoa, de geração em geração. Por isso, passam por modificações ao longo do tempo.

Leia a seguir uma versão da lenda que conta a origem das maratonas, que são provas de corrida a pé de longo percurso.

Em **490 a.C.**, **persas** e **gregos** travaram uma batalha. Fidípedes, um soldado grego, correu cerca de 42 quilômetros, indo da cidade de Maratona até Atenas para pedir ajuda. Voltou então para Maratona com muitos soldados, e os gregos venceram os persas.

Fidípedes correu novamente a Atenas para dar a notícia da vitória. Ao chegar ao local de destino, o soldado só conseguiu pronunciar a palavra "Vitória!" antes de cair morto, tal era seu cansaço.

A atual corrida de maratona, com 42 quilômetros e 192 metros, teria sido criada em homenagem a Fidípedes.

490 a.C.: de acordo com o calendário cristão, os anos atuais são contados a partir do nascimento de Jesus Cristo (ano 1). Fatos ocorridos antes desse evento são datados com a sigla **a.C.**, ou seja, **antes de Cristo**.
Persa: antigo povo que ocupava a região que hoje corresponde ao Irã, na Ásia.
Grego: no texto, povos da Grécia Antiga, que corresponde ao mesmo território da Grécia atual, na Europa.

Texto para fins didáticos.

1 Converse com os colegas e o professor.

a. Por que o soldado percorreu o trajeto entre Maratona e Atenas?

b. Se fosse hoje, ele precisaria se deslocar entre as duas cidades?

c. Quanto tempo você acredita ser necessário para correr 42 quilômetros? Atualmente, a transmissão de notícias entre locais distantes costuma levar esse tempo? Como as notícias podem ser transmitidas?

Diferentes meios de se comunicar

Desde que nascemos, nós já nos comunicamos. O choro é a primeira forma de comunicação do ser humano. À medida que crescemos, desenvolvemos a fala. A maioria das pessoas do mundo também se comunica por meio da escrita.

Além disso, expressões faciais, gestos e sinais são muito importantes na transmissão de pensamentos, sensações e qualquer tipo de informação.

A comunicação também nos ajuda a conhecer, aprender, criar ou desenvolver novas técnicas e tecnologias. As pessoas conversam, trocam ideias, leem livros, revistas e jornais, fazem pesquisas na internet, assistem a um programa, ouvem rádio e veem filmes e peças de teatro.

Tudo isso pode ampliar o conhecimento e aumentar a capacidade de refletir sobre diferentes assuntos.

As pessoas comunicam-se com quem está próximo a elas e também com quem está distante. Para isso, utilizam diferentes **meios de comunicação**.

Comunicar é uma necessidade humana. Pela comunicação as pessoas transmitem conhecimentos, ideias e sentimentos. Alunos de escola em Itaquera na cidade de São Paulo, SP. Foto de 2013.

1 Apenas com gestos e expressões faciais, tente se comunicar com os colegas. Que ideias, conhecimentos e sentimentos vocês compartilharam?

Para receber e enviar notícias, há vários meios de comunicação. As cartas, os telegramas e o telefone, por exemplo, são importantes meios de comunicação pessoal.

Mas existem meios de comunicação, como o rádio, a televisão, a internet, os jornais e os cartazes, que permitem enviar mensagens para um grande número de pessoas ao mesmo tempo e sem distinguir quem elas são. Esses são os **meios de comunicação de massa**.

2 As fotos mostram exemplos de meios de comunicação. Circule aqueles que você mais utiliza. Depois, assinale as fotos que representam meios de comunicação de massa.

3 Observe a imagem, leia as informações e responda às questões a seguir.

Fim de semana será de calor intenso e pancadas de chuva

Fonte de pesquisa: *G1*. Disponível em: <http://linkte.me/g868m>. Acesso em: 1º mar. 2016.

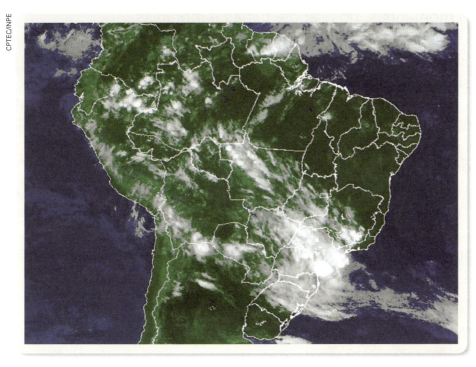

As fotos de satélite permitem fazer a previsão do tempo. Imagem baseada em foto de satélite mostrando o Brasil em 2 de janeiro de 2014.

a. Como foi produzida essa imagem?

b. Em sua opinião, por que é importante saber a previsão do tempo?

+ SAIBA MAIS

Existem vários tipos de satélite artificial girando ao redor da Terra. Alguns captam e fornecem imagens e informações sobre a superfície do planeta, facilitando a confecção de mapas e auxiliando na previsão do tempo, por exemplo. Há outros que possibilitam a transmissão de sinais de televisão, telefone e rádio. São os **satélites de comunicação**. Veja como eles funcionam.

Imagens sem proporção de tamanho e distância entre si.

Os sinais são enviados por uma antena de transmissão e captados pelo satélite. Este reenvia os sinais para antenas de recepção de celular, rádio e televisão.

81

Representações

Mapa: um instrumento de comunicação da Geografia

Os mapas surgiram da necessidade das pessoas de registrar e transmitir a outras a localização de diferentes locais. Neles eram registrados pontos de referência, como montanhas, rios, lagos, trilhas e moradias.

Por volta do século XVI, os europeus aperfeiçoaram os mapas, feitos principalmente com base nos relatos de viajantes. As viagens permitiram a conquista de terras até então desconhecidas e os mapas serviam para registrar caminhos e ajudavam a pensar na defesa e no uso das novas terras.

Atualmente, os mapas são feitos com o auxílio de recursos tecnológicos avançados, como satélites e computadores.

Mapa egípcio de aproximadamente 1300 a.C.- -1100 a.C. Museu Egípcio, Turim, Itália.

Mapa de 1634. À direita, vê-se o cabo de Santo Agostinho. Ao centro, a ilha de Cocaia, em Pernambuco. Mapoteca Itamarati, Rio de Janeiro.

Fonte de pesquisa: Google Maps. Disponível em: <http://linkte.me/s6g2d>. Acesso em: 2 mar. 2016.

1 Qual dos mapas da ilha de Cocaia traz maior número de detalhes?

_____

2 Qual representa o espaço com maior precisão? Explique o motivo da diferença de precisão entre eles.

3 Circule no mapa histórico o forte cujas ruínas estão representadas no mapa atual.

A comunicação nos municípios

Os meios de comunicação estão presentes em todos os municípios. Eles são importantes para estabelecer contato entre moradores de diferentes locais e integrar os municípios entre si e com o restante do país e do mundo.

1 Estas fotos retratam locais de moradia com antenas parabólicas, que captam sinais de televisão enviados por satélite.

Bairro em Salvador, BA, 2013.

Bairro em Taquarana, AL, 2012.

Aldeia Kuikuro no alto Xingu, MT, 2012.

Propriedade rural em Santo Amaro da Imperatriz, SC, 2012.

a. De que modo as antenas parabólicas conectam pessoas de um lugar a pessoas de outras partes do mundo?

b. Você conhece outros equipamentos ou materiais que são utilizados para o melhor funcionamento dos meios de comunicação? Converse com a turma.

O jornal impresso e a televisão

O **jornal impresso** é um meio de comunicação de massa em que são usadas escrita e imagens. É publicado em intervalos regulares, podendo ser diário, semanal, quinzenal ou mensal. Há jornais que circulam em todo o Brasil. Outros podem circular em vários municípios, em apenas um município ou só em alguns bairros.

Os grandes jornais costumam ser divididos em várias partes ou cadernos. Cada caderno trata de um assunto: os que tratam das cidades trazem notícias sobre a segurança, o trânsito, as atrações culturais, etc. Já os cadernos que tratam do campo trazem notícias sobre máquinas agrícolas, criação de animais, cultivos e outras atividades rurais.

A **televisão** é um importante meio de comunicação de massa no Brasil. Há programas de televisão que são transmitidos praticamente para todos os municípios brasileiros. Outros são exibidos apenas em alguns locais.

O fácil acesso à televisão possibilita a muitas pessoas obter informações sobre diferentes partes do Brasil e do mundo.

2 Veja os gráficos a seguir, que apresentam o resultado de pesquisas feitas em 2002 e 2015.

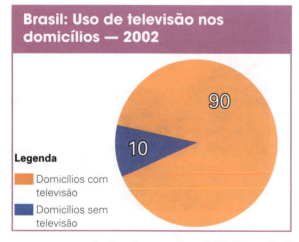

Fontes de pesquisa: IBGE. Disponíveis em: <http://linkte.me/n3v86> e <http://linkte.me/p6i77>. Acessos em: 26 abr. 2017.

- O que aconteceu com o número de domicílios com televisão no Brasil nesse período?

O telefone e a internet

O **telefone** foi inventado em 1876. Naquela época, somente um número muito pequeno de pessoas podia ter acesso a ele. Atualmente, no Brasil, esse meio de comunicação é acessível à maioria da população.

Hoje, existem os telefones sem fio e os celulares. A quantidade de celulares em uso no país aumentou muito nos últimos anos, superando o número de habitantes. Mas isso não significa que todos os brasileiros tenham celular. Parte da população tem mais de um aparelho.

A **internet** é uma rede de computadores ligados uns aos outros. Pessoas de diferentes partes do mundo acessam essa rede. Por meio da internet, é possível: enviar e receber mensagens; ler notícias de diferentes jornais e revistas; fazer pesquisas; participar de jogos e de bate-papos com várias pessoas ao mesmo tempo, ainda que estejam distantes; comprar e vender produtos e serviços.

Por meio do telefone também podem ser comercializados vários produtos e serviços. Na foto, central de atendimento telefônico de uma empresa em Campina Grande, PB, em 2012.

Não é só quem tem computador em casa que pode usar a internet. Há locais que oferecem esse serviço. O acesso pode ser gratuito (oferecido por órgãos governamentais ou entidades assistenciais) ou pago, quando oferecido por empresas particulares, como mostrado na foto ao lado. São Paulo, SP. Foto de 2013.

3 Você já usou ou costuma usar o computador? Onde? Para quê?

Agora já sei!

1 As pessoas podem se comunicar de diversas formas utilizando apenas o próprio corpo. Faça o que se pede no caderno.

    a. Cite as formas de se comunicar com o corpo que você conhece.

    b. Você costuma usar gestos e expressões faciais para se comunicar? Relate uma experiência em que você se expressou apenas fazendo gestos e alterando a feição do rosto.

2 Aponte, no caderno, um meio de comunicação que você pode utilizar para realizar as atividades a seguir.

    a. Conversar com um primo ou amigo que mora longe.

    b. Convidar amigos para seu aniversário.

    c. Ler notícias atualizadas a respeito de seu país.

    d. Assistir a um filme.

    e. Ouvir música.

3 Pergunte a seus avós ou a outras pessoas mais velhas que meios de comunicação eles costumavam usar quando eram crianças, nas situações mencionadas na questão anterior. Compare as respostas deles com as respostas que você deu e depois anote suas conclusões no caderno.

4 Assinale quais destes meios de comunicação existem no município em que você vive.

- [ ] jornal do município
- [ ] estação de rádio
- [ ] agência de correio
- [ ] biblioteca ou livraria pública
- [ ] acesso à internet

5 Você costuma usar o telefone ou a internet para conversar com amigos? Conte aos colegas e ao professor. Depois, faça o que se pede a seguir.

    a. Compare o tempo que você gasta nas conversas pela internet com o tempo que você costuma passar brincando ou conversando pessoalmente com os amigos.

    b. Por fim, converse sobre a importância dos meios de comunicação a distância e sobre a importância de se relacionar diretamente com as outras pessoas.

6 Neste mapa, as cores representam uma variação de quantidade. Quanto mais escura é a tonalidade da cor, maior é a quantidade que ela representa. A tonalidade mais escura, por exemplo, indica que existem de 56 a 71 usuários de internet para cada 100 pessoas.

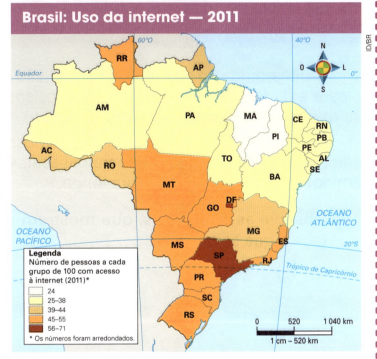

Fonte de pesquisa: IBGE. Disponível em: <http://linkte.me/d8452>. Acesso em: 15 abr. 2016.

a. Em 2011, qual estado tinha mais usuários de internet?

_____

b. Cite os dois estados que tinham menos usuários.

_____

c. O que esse mapa comunica?

_____
_____

7 Para estudar Geografia, um dos recursos usados pelas pessoas cegas ou com baixa visão são os mapas táteis. Neles, há diferentes texturas (pontinhos, ranhuras, superfícies ásperas e lisas) que cumprem a mesma função que as cores e os símbolos nos mapas convencionais.

■ Crie uma hipótese para explicar como as pessoas que não enxergam conseguem ler os mapas. Conte aos colegas e ao professor.

CAPÍTULO 2 — Meios de transporte

Muitos produtos que consumimos são produzidos em diferentes municípios e estados, ou mesmo em outros países. Você já parou para pensar como as mercadorias chegam até nós?

Todos nós também precisamos nos deslocar. Vamos à escola, os adultos vão trabalhar, saímos para passear, vamos visitar parentes e amigos. Às vezes viajamos para longe.

CONTEÚDO NA VERSÃO DIGITAL

1 Observe as ilustrações, que mostram diferentes meios de transporte, e faça o que se pede.

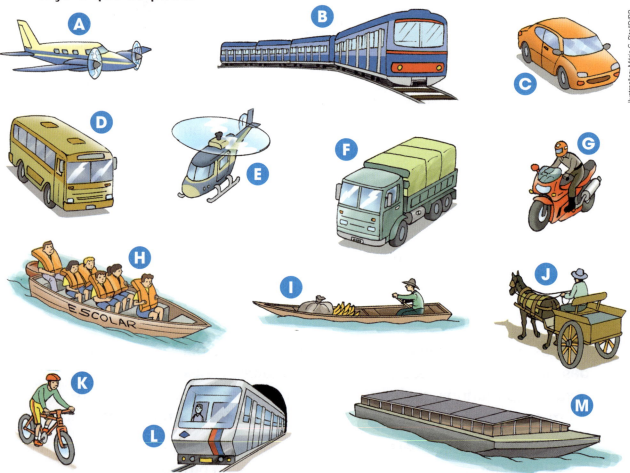

Ilustrações: Mário C. Pita/ID/BR

■ Indique a letra das ilustrações que melhor representam o transporte de:

a. grandes cargas por terra: _____.

b. pequenas cargas por terra: _____.

c. cargas pelo ar: _____.

d. cargas pela água: _____.

Diferentes meios de transporte

Os meios de transporte são utilizados para o deslocamento de produtos para os mais diversos locais – dentro de um município e entre os municípios, estados e países.

Além disso, eles são fundamentais para levar as pessoas de um local para outro: de casa para a escola, para o trabalho, para o mercado ou para outros locais, e desses locais de volta para casa.

Há diferentes tipos de meios de transporte. Alguns cruzam os céus, outros navegam pelo mar ou pelos rios. E há os que circulam por terra, em ruas ou avenidas, em estradas ou sobre trilhos. Assim, os meios de transporte podem ser **aéreos**, **aquáticos** (marítimos e fluviais) e **terrestres** (ferroviários e rodoviários).

1 Quais são os meios de transporte mais comuns no lugar onde você vive?

+ SAIBA MAIS

Os meios de transporte têm sido aperfeiçoados com o tempo. Caminhões, carros, navios, aviões, trens e motocicletas tornaram-se mais eficientes. O tempo das viagens foi reduzido e, em condições ideais de uso, houve avanço nos níveis de segurança e conforto.

O transporte aéreo

Os veículos de transporte aéreo mais utilizados são os helicópteros e os aviões. A vantagem desse tipo de transporte é percorrer longas distâncias em pouco tempo.

No Brasil, os aviões transportam muitas pessoas e produtos. Mas essa opção não está disponível para todos. Em muitos municípios não há aeroportos, e o custo das passagens pode ser alto.

Aeroporto Internacional de Salvador, BA. Foto de 2012.

■ O transporte aquático

Comparado com outros, o transporte aquático tem baixo custo. Apesar disso, considerando a grande quantidade de rios e o extenso litoral do país, o transporte aquático entre os municípios brasileiros ainda é pouco usado.

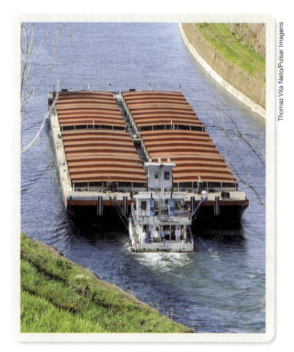

Transporte hidroviário de carga em canal artificial no município de Pereira Barreto, SP. Foto de 2012.

Petroleiro Zumbi dos Palmares no porto de Suape, em Ipojuca, PE. Foto de 2013.

■ O transporte ferroviário

Atualmente, os trens são pouco usados no Brasil. No entanto, eles ainda cortam trechos do país com cargas importantes e transportam muitos passageiros entre bairros em grandes cidades.

Trem de carga transportando minério de ferro em São Luís, MA. Foto de 2014.

O transporte rodoviário

O transporte rodoviário abrange todos os veículos que se deslocam em ruas, estradas ou rodovias. Como esses veículos consomem muito combustível e requerem constante manutenção, esse tipo de transporte não é o mais econômico. Apesar disso, ele é o mais utilizado no Brasil.

Para ser eficiente, o transporte rodoviário necessita de ruas e estradas em boas condições de uso – pavimentadas, sem buracos e com boa sinalização e acostamento (no caso das rodovias). Porém, essa não é a realidade em grande parte das vias brasileiras.

Estrada em mau estado de conservação em Mostardas, RS. Foto de 2014.

+ SAIBA MAIS

O transporte coletivo

O deslocamento de pessoas dentro de uma cidade, principalmente nas mais populosas, requer meios de transporte coletivos (ônibus, trem e metrô) que garantam viagens rápidas, confortáveis e seguras para todos.

2 Leia o texto e responda às questões.

> Navegando pelos rios da Amazônia, o projeto Barco-Biblioteca do Ler para Crescer visita comunidades ribeirinhas, levando alegria e cultura para os pequenos amazonenses. Este projeto busca levar a diversas comunidades do interior do estado o gosto e o incentivo pela leitura.

Barco do Ler para Crescer. Instituto Ler para Crescer. Disponível em: <http://linkte.me/d96w3>. Acesso em: 15 abr. 2016.

a. A que tipo de transporte o texto se refere?

b. Onde vivem as crianças atendidas pelo Barco-Biblioteca?

c. Você conhece outros projetos semelhantes ao Barco-Biblioteca?

Representações

Ícones e linhas

Nos mapas, os ícones são pequenas figuras que indicam a localização precisa de pontos no território representado, nos quais são encontrados elementos como fábricas, portos, cidades, etc.

Para analisar a distribuição dos elementos em uma dada porção do território, como a rede de transportes no mapa abaixo, por exemplo, precisamos fazer um reconhecimento dos ícones em seu conjunto e observar a localização de cada ponto individualmente.

Nos mapas, as linhas podem ser tracejadas ou contínuas e ter variadas cores e espessuras para diferenciar rios, limites territoriais, rodovias e outros elementos que se estendem de forma alongada pelo território.

Fonte de pesquisa: Ministério dos Transportes. Disponível em: <http://linkte.me/ov43o>. Acesso em: 28 abr. 2017.

1 Quais são as redes de transporte representadas por linhas no mapa? Descreva as características de cada uma dessas linhas.

_____

_____

2 No mapa, há ícones representando três tipos de elementos. Quais são esses ícones e que elementos cada um deles representa?

_____

_____

3 Agora, observe a distribuição dos terminais hidroviários. Qual é o nome do rio com o maior número deles?

A construção das estruturas de transporte

O funcionamento dos meios de transporte geralmente exige obras para alterar certas características do espaço (cortar árvores, tornar o terreno plano, escavar túneis) e instalar estruturas como rodovias, ferrovias, pontes e portos.

As condições naturais do espaço podem favorecer ou dificultar a realização dessas obras. A construção de estradas em áreas montanhosas, por exemplo, é mais difícil do que no relevo plano.

A navegação em rios também depende das condições naturais ou de intervenções humanas. Os rios naturalmente navegáveis têm águas calmas e profundas. Já os rios com quedas-d'água exigem a construção de **eclusas** para a passagem das embarcações.

Eclusa: enorme tanque de concreto que funciona como um elevador para embarcações, que passam para o nível de baixo do rio, quando a eclusa é esvaziada, ou para o nível de cima, quando ela se enche de água.

A eclusa de Barra Bonita, SP, possibilita a passagem de embarcações por meio de desnível. Nesse trecho do rio Tietê, esse desnível foi criado por uma usina hidrelétrica, que torna o rio navegável. Foto de 2013.

1 Complete as frases com as palavras do quadro abaixo.

decolagem   túneis   trens   eclusa   ponte   pouso

a. A _____ faz a ligação de dois pontos separados por um rio.

b. Nos aeroportos ocorrem a _____ e o _____ de aviões.

c. Os _____ circulam nas ferrovias, sobre trilhos.

d. Com a _____ as embarcações passam pelo desnível do rio.

e. Através dos _____ os veículos podem passar no interior de um morro ou de uma montanha.

A influência dos meios de transporte no espaço

Além de facilitar o deslocamento de pessoas e de cargas, os meios de transporte são fundamentais para a realização de inúmeras atividades ligadas à agropecuária, ao comércio e à indústria. Dessa forma, acabam influenciando a transformação de espaços urbanos e rurais.

Novas estradas e ferrovias facilitam o transporte dos produtos até os locais de venda. Assim, podem estimular a ampliação das áreas de plantio, o que contribui para a modificação das paisagens no campo.

As cidades que contam com importantes meios de transporte favorecem as atividades que dependem da circulação de mercadorias, como a indústria e o comércio. Essas atividades geram empregos, atraindo novos moradores, e o espaço urbano tende a crescer.

2 Após ler o texto, converse com os colegas e o professor sobre as questões a seguir.

Há pouco mais de um século, a ferrovia Madeira-Mamoré foi construída em plena floresta Amazônica para o transporte do látex extraído das seringueiras.

Atravessando trechos de ferrovia e de rio, o látex chegava até o oceano Atlântico. Era transportado em navios para a Europa, onde abastecia as indústrias de borracha.

O município de Porto Velho, capital do estado de Rondônia, surgiu com a construção dessa ferrovia, o que indica a importância que teve na época. Hoje, a ferrovia Madeira-Mamoré está praticamente inutilizada.

Ponto inicial da ferrovia Madeira-Mamoré, em Porto Velho, RO. Foto de 1909.

Texto para fins didáticos.

a. Como era feito o transporte do látex entre a Amazônia e a Europa?

b. De que modo a ferrovia Madeira-Mamoré favoreceu a formação de municípios? E que mudanças ela pode ter provocado na floresta em seu entorno?

Representações

A planta da cidade

Planejar o transporte rodoviário no espaço urbano exige não apenas a verificação de distâncias a percorrer. Também é necessário traçar rotas, considerando os pontos de referência e as características das vias de circulação. Assim, é possível ganhar tempo ao priorizar rotas mais curtas, por exemplo.

As plantas são um instrumento de orientação espacial que pode auxiliar na definição das rotas. Como têm escala pouco reduzida, as plantas apresentam muitos detalhes que facilitam essa tarefa. No exemplo abaixo, a planta representa uma parte de Goiânia (GO) em que é possível visualizar o traçado, o nome e a direção do trânsito de ruas e avenidas, além de vários pontos de referência.

Goiânia: Planta dos Setores Central, Oeste e Sul

Fonte de pesquisa: *Guia Quatro Rodas*: Brasil 2011. São Paulo: Abril, 2011. p. 358-359.

- Localize na planta de Goiânia a praça do Cruzeiro, no Setor Sul, e a praça Antonio Lisita, no Setor Central. Pense em uma rota entre elas, procurando fazer o caminho mais curto e obedecendo à direção do trânsito (indicada com setas azuis). Com lápis vermelho, trace essa rota na planta da cidade.

Agora já sei!

1 Com base na figura ao lado, explique a importância dos meios de transporte para a produção e o comércio de mercadorias.

_____
_____
_____
_____
_____
_____

2 Observe o mapa e responda às questões no caderno.

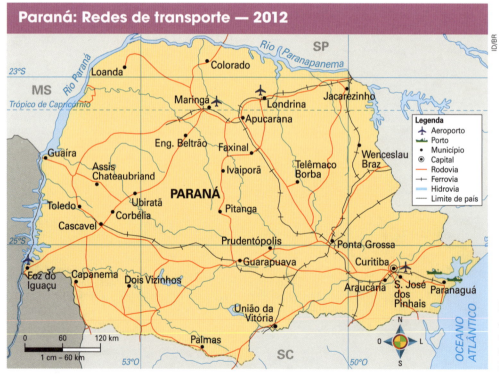

Paraná: Redes de transporte — 2012

Fonte de pesquisa: *Atlas geográfico escolar*. 6. ed. Rio de Janeiro: IBGE, 2012. p. 175.

a. Indique as redes de transporte que estão representadas no mapa.

b. O Aeroporto Internacional de Curitiba localiza-se em São José dos Pinhais, município vizinho à capital paranaense. Em que municípios se encontram os demais aeroportos representados no mapa do Paraná?

c. Para ir de Foz do Iguaçu a Curitiba, que meios de transporte podem ser utilizados? E de Cascavel a Guarapuava?

3 Leia o texto e responda às questões no caderno.

> Observe que a bicicleta só traz benefícios, tanto para as pessoas como para o meio ambiente: nos ajuda a manter a forma, é um excelente exercício para fortalecer as pernas, é muito mais rápida do que andar a pé, atravessa qualquer congestionamento, dá uma sensação incrível de liberdade, não usa nenhum tipo de combustível, não solta nenhum tipo de fumaça no meio ambiente e não faz nenhum tipo de ruído desagradável... Você consegue lembrar mais alguma vantagem que a bicicleta pode trazer???
> [...]
> Com as grandes cidades cada vez mais abarrotadas de pessoas e de carros [...] e o grande problema da poluição, fica evidente a necessidade de se pensar em alternativas para os transportes; por isso, várias pessoas em diversas cidades do mundo aderiram à bicicleta como meio de transporte. [...] Aqui no Brasil, as bicicletas de uso cotidiano ainda são mais comuns nas cidades do interior, pois nenhuma capital tem o trânsito realmente preparado para dar segurança ao ciclista.

Bicicletas. Portal Smartkids. Disponível em: <http://linkte.me/b34b0>. Acesso em: 15 abr. 2016.

a. Entre os benefícios que as bicicletas trazem para as pessoas, segundo o texto, quais você considera mais importantes?

b. De que maneira a substituição do automóvel pela bicicleta como meio de transporte pode contribuir para o meio ambiente?

c. No município em que você vive, a bicicleta é bastante usada no dia a dia?

4 Bárbara e Pedro moram no mesmo prédio e estudam de manhã na mesma escola. Todos os dias, cada pai leva seu filho de carro à escola. As crianças, então, resolveram conversar com seus pais para sugerir um rodízio: a cada dia, um deles ficaria responsável por levar as duas crianças à escola. Com base nesse exemplo, converse com os colegas e o professor.

a. Que argumentos Bárbara e Pedro devem ter usado para convencer seus pais a fazer um rodízio de carro para levá-los à escola?

b. Você considera importante conversar e sugerir mudanças? Que outras sugestões você daria para melhorar o trânsito do município onde vive?

5 Descreva os tipos de transporte coletivo existentes no município em que vive. Eles atendem à população de modo eficiente?

CAPÍTULO 3 — Os problemas dos meios de transporte e de comunicação

Nas cidades brasileiras, é comum haver problemas que afetam os meios de transporte e de comunicação. Porém, os próprios meios de transporte e de comunicação, em certas circunstâncias, também podem causar problemas.

1 A imagem ao lado retrata, de forma bem-humorada, um problema presente em muitas cidades brasileiras. Analise a situação e responda às questões.

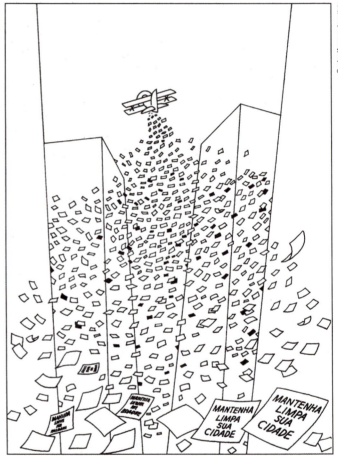

Caulos. *Só dói quando eu respiro*. Porto Alegre: L&PM, 1976.

a. Que meios de comunicação e de transporte aparecem na imagem?

_____

b. Qual é a mensagem veiculada nos folhetos? O que está acontecendo na realidade?

_____
_____
_____

c. De que outras formas essa mensagem poderia ser dada às pessoas?

_____
_____

d. Você contribui para manter limpo o lugar onde vive? Como?

_____
_____

Os problemas de infraestrutura

A **infraestrutura** é o conjunto de materiais, equipamentos e edificações que permite o funcionamento de diferentes atividades.

No Brasil, a infraestrutura de comunicação e de transporte não é suficiente para atender a toda a população. Verifica-se também a falta de qualidade e de manutenção dos materiais e a falta de reposição de materiais envelhecidos ou ultrapassados.

Os serviços de telecomunicações

A infraestrutura de **telecomunicações** no Brasil recebeu muitos investimentos nas últimas décadas. Com isso, ampliaram-se os serviços de telefone fixo e celular, de internet e de TV por assinatura.

Telecomunicação: termo que se refere às formas de comunicação a distância, como rádio, televisão, telefone e internet.

Nesse mesmo período, a renda da população aumentou, fazendo crescer a busca por esses serviços.

Como resultado desse processo, a ampliação da infraestrutura ainda se mostra insuficiente para atender com qualidade ao crescimento da procura.

As empresas que prestam serviços de telecomunicação estão entre as que têm o maior número de reclamações registradas nos órgãos de defesa do consumidor. Veja na tabela as reclamações no estado de São Paulo em 2015.

Estado de São Paulo: Lista das dez empresas com mais reclamações — 2015

Posição	Tipo de empresa ou de serviço prestado	Número de atendimentos
1ª	Telecomunicações	46 759
2ª	Telecomunicações	41 800
3ª	Telecomunicações	16 944
4ª	Banco	16 672
5ª	Telecomunicações	14 990
6ª	Rede de supermercados e lojas	14 783
7ª	Banco	11 952
8ª	Energia elétrica	8 308
9ª	Banco	7 686
10ª	Telecomunicações	6 593

Fonte de pesquisa: Procon-SP. Disponível em: <http://linkte.me/lf0c2>. Acesso em: 15 abr. 2016.

1 Das dez empresas com maior número de reclamações registradas no estado de São Paulo em 2015, quantas eram de telecomunicações?

2 Como consumidor desses serviços, que motivos fariam você reclamar?

■ O transporte aéreo

Devido ao aumento de sua renda, como vimos, o brasileiro passou a andar mais de avião. A alta demanda desse transporte, num primeiro momento, causou superlotação, atrasos e cancelamentos de voos nos aeroportos.

No entanto, como medida para solucionar o problema, os principais aeroportos brasileiros vêm passando por reformas para modernização e ampliação. Além disso, ações de fiscalização de órgãos de defesa do consumidor e da agência do governo que regula o transporte aéreo têm diminuído os problemas de atrasos e cancelamentos de voos, que antes ocorriam com mais frequência.

Em vários aeroportos, é comum ver obras de ampliação e modernização para atender melhor à demanda por esse tipo de transporte. Aeroporto Internacional Pinto Martins. Fortaleza, CE, 2014.

■ O transporte ferroviário

Durante muito tempo, o transporte ferroviário, usado para o deslocamento de cargas e de pessoas, foi o mais importante no Brasil.

Porém, a partir da década de 1950, o transporte rodoviário começou a ganhar destaque com a chegada de indústrias estrangeiras de automóveis, passando a superar o transporte ferroviário. Muitos trechos de ferrovias foram abandonados ou encontram-se malconservados. O transporte ferroviário de passageiros entre municípios quase deixou de existir.

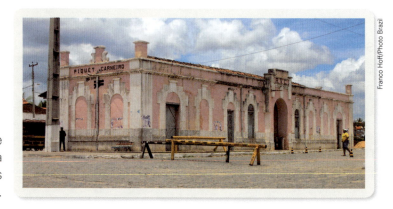

A estação de trem abandonada de Piquet Carneiro, CE, retrata a decadência do transporte ferroviário de passageiros no Brasil. Foto de 2012.

3 Relacione os problemas a seguir ao transporte correspondente: 1 – atrasos no embarque; 2 – infraestrutura abandonada; 3 – cancelamento de viagens; 4 – fim do transporte de passageiros.

a. Transporte aéreo: _____.

b. Transporte ferroviário: _____.

O transporte rodoviário

No Brasil, as rodovias são o meio de circulação por onde trafega a maior quantidade de cargas e de pessoas.

Apesar de sua importância para integrar os diferentes pontos do país, o número de rodovias ainda é insuficiente. Além da falta de investimentos, a grande extensão do território brasileiro contribui para essa deficiência.

Fonte de pesquisa: Ministério dos Transportes. Disponível em: <http://linkte.me/f935s>. Acesso em: 15 abr. 2016.

A falta de pavimentação é outro problema que afeta muitas estradas no Brasil. Trafegar por estradas de terra aumenta o risco de acidentes, torna o deslocamento mais lento e encarece o transporte. O problema é ainda mais grave em áreas sujeitas a períodos de chuvas intensas, como na região amazônica.

Estrada sem pavimentação em Autazes, AM. Foto de 2013.

4 Com os colegas e o professor, crie uma hipótese explicando por que o tamanho do território dificulta a construção e a manutenção de rodovias que ligam pontos distantes do país. Registre a conclusão da turma.

_____
_____
_____
_____

Comunicação, transporte e geração de poluentes

A utilização dos meios de transporte e de comunicação também pode gerar problemas. Um dos mais graves é a poluição. Veja alguns exemplos.

A publicidade por meio de cartazes, placas e letreiros luminosos pode gerar **poluição visual**, que é o desconforto causado pelo excesso de informações visuais. Porto Alegre, RS. Foto de 2012.

O descarte incorreto do **lixo eletrônico**, com restos de equipamentos eletrônicos, como celulares e computadores, pode liberar substâncias que poluem o solo. Londrina, PR. Foto de 2012.

Os meios de transporte rodoviário são uma das principais fontes de poluição do ar nas grandes cidades. Priorizar o carro particular em vez dos transportes coletivos torna o problema ainda mais grave. Município do Rio de Janeiro. Foto de 2012.

Nas grandes cidades também é comum a **poluição sonora**, gerada pelo excesso de ruído proveniente, por exemplo, da circulação de veículos e de anúncios feitos em alto-falantes, como esse da foto. Salvador, BA. Foto de 2012.

1 Existem muitos cartazes de propaganda e grandes letreiros de lojas nas ruas do município onde você mora? O que você pensa sobre isso?

2 Os resíduos eletrônicos (celulares, computadores, *mouses* e teclados usados, CDs, DVDs, entre outros) contêm substâncias prejudiciais ao meio ambiente e perigosas para a saúde das pessoas. Converse com os colegas e o professor sobre a maneira de descartar esses produtos corretamente.

Representações

A escala

O transporte de pessoas e de produtos entre diferentes locais, em países grandes como o Brasil, exige não só a existência de infraestrutura adequada, mas também o conhecimento das distâncias entre esses locais para realizar o planejamento dos deslocamentos: definição de meios de transporte e de número de paradas, cálculo do gasto de combustível, etc.

Uma das maneiras de verificar a distância entre os lugares é feita por meio de mapas e da utilização da **escala**. A escala é a relação entre o tamanho do espaço real e o tamanho desse mesmo espaço representado no mapa. Desse modo, a escala indica quantas vezes o espaço real foi reduzido para ser representado em um mapa do tamanho de uma folha de papel, por exemplo. Assim, quanto maior o espaço considerado, maior deverá ser a redução para representá-lo na folha de papel.

A escala pode aparecer representada no mapa do seguinte modo:

```
0    25    50 km
1 cm – 25 km
```

No exemplo, 1 centímetro (cm) no **mapa** equivale a 25 quilômetros (km) no **espaço real**; 2 cm equivalem a 50 km, e assim por diante.

Para calcular a distância verdadeira com base no mapa, basta multiplicar o número de quilômetros que equivalem a 1 cm no mapa pelo número de centímetros da distância medida. Nesse exemplo, supondo que a distância entre duas cidades representadas no mapa é de 3 cm, temos de fazer o cálculo: 3 × 25 km = 75 km.

- Agora, com uma régua, meça a distância no mapa entre os pontos que representam os municípios de Itabaiana e Areia Branca. Depois, localize a escala do mapa e calcule a distância real entre os municípios.

_____

_____

Sergipe: Municípios no centro do estado — 2014

Fonte de pesquisa: IBGE. Disponível em: <http://linkte.me/ijv8w>. Acesso em: 15 abr. 2016.

Agora já sei!

1 Observe as fotos a seguir e responda às questões no caderno.

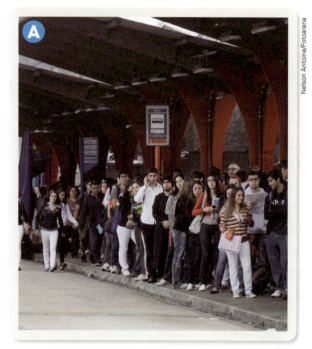

São Paulo, SP, 2013.

Salvador, BA, 2013.

São Carlos, SP, 2013.

São Paulo, SP, 2012.

a. Quais fotos mostram problemas relacionados aos meios de transporte? Explique.

b. Quais fotos mostram soluções encontradas para problemas relacionados aos meios de comunicação e ao transporte? Explique.

2 Leia o texto e responda às questões no caderno.

Blogs viraram coisa de criança. Além de usar a internet para fazer pesquisas escolares, bater papo em redes sociais e jogar com amigos, muitas já alimentam a *web* com *posts* de temas variados, que vão de cinema e futebol a culinária e maquiagem.

[...]

Vitória, por sua vez, tem *blog* sobre *cupcakes* [pequenos bolos feitos em caneca ou xícara]. Ela também cozinha. "Me divirto. A gente fez até um vídeo ensinando a fazer *cupcakes*, mas não deu para 'subir' porque ficou muito grande", conta Vitória. "Gosto muito de escrever e até fiz outro *blog*, só sobre beleza. Esse até pessoas de outros países já visitaram", diz Sofia.

Blog: recurso da internet que permite a comunicação entre as pessoas por meio da publicação de textos, imagens e sons na rede.
Web: sistema interligado de informações (textos, imagens, sons) que podem ser acessadas na internet.
Post: publicação de um material nos *blogs*.

Nataly Costa. *Blogs* feitos por crianças se espalham pela *web*. *O Estado de S. Paulo*, São Paulo, 4 nov. 2012. Disponível em: <http://linkte.me/krx3y>. Acesso em: 15 abr. 2016.

a. A que meio de comunicação o texto se refere?

b. Quais são os assuntos dos *blogs* das crianças citadas no texto?

c. Os textos divulgados por elas podem ser lidos apenas no local onde moram?

d. Sem o uso da internet, essas experiências seriam possíveis? Como?

e. Você tem acesso à internet? Você usa ou já usou a internet para se comunicar com pessoas distantes? Em caso afirmativo, conte sua experiência aos colegas.

Vamos fazer!

Os meios de transporte e de comunicação no município

As pessoas idosas têm sempre muitas histórias para contar. Conversando com elas, podemos aprender muito. Por exemplo, podemos entender como era o lugar onde a gente mora e saber como as pessoas viviam há muitos e muitos anos.

Como será que aquele senhor ou aquela senhora idosa que você conhece ia de um município a outro quando era criança como você?

Agora você vai ler um trecho de uma entrevista feita com o senhor Antônio Augusto Gomes dos Santos, que nasceu em 1941, em Sertãozinho, SP. Quando ele era criança, ia uma vez por ano a Campinas, SP. No trecho a seguir, ele conta como era a viagem.

> Eu me lembro de vir a Campinas uma vez por ano porque os meus tios – a irmã da minha mãe – moravam aqui. [...] Vinha até Campinas também de caminhão, embora existisse o trem. Poucas vezes eu viajei de trem para cá. De caminhão eu vim mais. Era estrada de terra, uma viagem longa, uma viagem que tinha que almoçar e talvez jantar no percurso. De trem era até mais rápida, que nós tínhamos que pegar o trem da Paulista que parava em Barrinha – que é uma cidade próxima. [...]
>
> O que chamava a atenção é que lá no trem se vendia sanduíche, refrigerante. Era gostoso viajar de trem porque ia parando em todas as cidades. O apito do chefe da estação, o apito do trem, aquilo pra nós era uma coisa que chamava a atenção, uma coisa diferenciada. Dentro do trem nós ficávamos até sentadinhos, comportados, vendo e o tempo passando. Passavam os vendedores de revista, de jornal e [...] no trem você podia deslocar o banco, ele virava, com frequência ficavam passageiros conversando um defronte do outro para o tempo passar.

Museu da Pessoa. Transportando Campinas. Disponível em: <http://linkte.me/z8e91>. Acesso em: 3 mar. 2016.

Agora é sua vez! Em grupos, você e os colegas vão entrevistar um antigo morador do lugar onde vivem, para conhecer os meios de transporte e de comunicação do passado.

Como fazer

1. Escolham uma ou mais pessoas para entrevistar. Pode ser um funcionário da escola, um morador do bairro, um parente. O importante é que ele more há muitos anos no lugar.

2. Façam um roteiro de entrevista. Escrevam as perguntas que gostariam de fazer ao entrevistado. Algumas devem referir-se aos dados pessoais: nome, idade, desde quando mora no lugar, que atividades exercia quando trabalhava ou qual é seu trabalho atual. Outras devem ser sobre o desenvolvimento dos meios de transporte e de comunicação, como: quais existiam quando ele era criança, quais surgiram depois, como fazia sem eles, que transformações eles promoveram na vida das pessoas, etc.

3. Combinem com antecedência quais alunos farão as perguntas e quais vão registrar as respostas. As anotações devem ser feitas por mais de um membro do grupo. Assim, vocês garantem que nada será perdido.

4. Marquem dia e horário para a entrevista. Peçam ao entrevistado que, se puder, leve fotos ou materiais antigos para ilustrar seu relato. Não se esqueçam de levar papel e lápis para anotar as respostas. Se possível, levem também máquina fotográfica.

5. No dia da entrevista, façam as perguntas com clareza e aguardem a resposta do entrevistado. Se não entenderem algo ou precisarem que o entrevistado repita alguma informação, peçam a ele, com gentileza, que esclareça as dúvidas. Se quiserem, façam no final alguma pergunta que não estava no roteiro. Não terminem a entrevista com dúvidas ou curiosidades não satisfeitas. Agradeçam ao entrevistado por ter atendido vocês e respondido às perguntas.

6. Depois da entrevista, leiam seus registros e sublinhem as informações mais importantes. Finalizem o trabalho desenhando e escrevendo os trechos destacados em uma folha, que deverá ser colocada no mural da sala. Em outro momento, esse material será aproveitado para realizar a atividade proposta nas páginas 138 e 139.

O que aprendi?

1 As frases a seguir descrevem as atividades que uma criança fez em um dia. Mas as frases estão incompletas. Escolha e escreva a palavra do quadro que completa adequadamente cada frase.

| cartaz | *e-mail* | telefone | internet | TV | bilhete | celular |

a. Antes de ir à escola, deixou um _____ na geladeira para a mãe. Na escola, uma das atividades foi escrever um _____ para alguém que morasse longe.

b. À tarde, ajudou uma amiga a fazer um _____ comunicando o desaparecimento de um gatinho.

c. À noite, em casa, enquanto a mãe falava ao _____ com a avó, o pai assistia a um jogo de futebol pela _____ e a irmã mandava um recado para uma colega pelo _____.

d. Depois, todos juntos, jantaram, conversaram, riram, arrumaram a cozinha e foram ver um pouco de _____ antes de dormir.

2 No esquema abaixo, as linhas unem palavras relacionadas entre si. Após analisá-lo, identifique e registre corretamente cada tipo de transporte mostrado nas ilustrações: **ferroviário**, **fluvial**, **marítimo** e **rodoviário**.

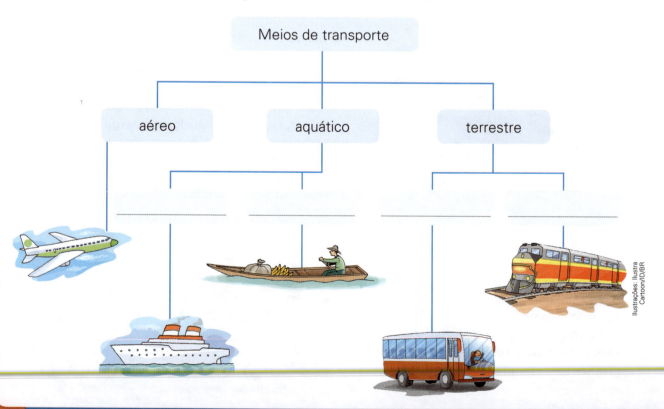

108

3 Observe esta cena e responda às questões.

a. O que os símbolos ao lado significam?

_____

_____

b. Na situação acima, os passageiros estão respeitando o uso dos assentos segundo a orientação expressa pelos símbolos? Justifique sua resposta.

_____

_____

4 Em algumas cidades do Brasil foram criadas leis para diminuir a poluição visual. As imagens abaixo mostram uma avenida da cidade de São Paulo antes e depois dessa legislação. Converse sobre elas com os colegas e o professor.

Marginal Pinheiros, em São Paulo, SP. Foto de 2007.

Marginal Pinheiros, em São Paulo, SP. Foto de 2014.

a. Que mudanças podem ser vistas na paisagem?

b. Na opinião de vocês, essas mudanças foram boas ou ruins para a cidade?

UNIDADE 4
A vida no município

Há muitas diferenças entre os municípios e até mesmo entre os lugares de um mesmo município. A imagem ao lado, por exemplo, representa alguns aspectos do dia a dia no centro de uma grande cidade.

- De acordo com o que você percebe nesta imagem, todos os habitantes da cidade têm o mesmo modo de vida?

- O que as diferentes pessoas que vivem em lugares como o da imagem podem ter em comum?

- A representação do relógio na cena ao lado indica a importância do controle do tempo para a vida das pessoas que moram em grandes cidades. Você sabe dizer qual é a importância do tempo na vida dessas pessoas? E para você?

- Pense em um lugar bem diferente desse que foi representado. Como você se imaginaria vivendo nesse lugar?

CAPÍTULO 1 — Viver no campo

Há diversos modos de vida no campo. Eles se relacionam, por exemplo, às maneiras de construir moradias, de trabalhar e de vivenciar tradições. Assim, essa diversidade está ligada também às heranças culturais de cada população, como as práticas de uso da terra e de recursos naturais e tecnológicos.

Colheita manual de alface em Londrina, PR. Foto de 2015.

Horta na periferia de Altamira, PA. Foto de 2014.

Agricultor usando computador em meio ao milharal. Londrina, PR. Foto de 2015.

Crianças usando computador em Santa Maria, RS. Foto de 2014.

1 Em sua opinião, que fotos podem representar modos de vida no campo? Justifique suas escolhas.

2 Quando você pensa em modos de vida no campo, que outras situações, atividades ou costumes você imagina? Converse com a turma.

O espaço rural

As áreas fora dos limites das cidades compõem o espaço rural. O campo é habitado por pessoas que vivem em sítios, chácaras, fazendas, vilas, aldeias, comunidades e bairros rurais.

Entre as principais atividades econômicas praticadas no campo estão a produção de alimentos por meio do cultivo de vegetais e da criação de animais e a extração de recursos da natureza. No entanto, atividades como o turismo, o artesanato e a produção industrial, por exemplo, também são desenvolvidas no campo.

1 Observe as imagens e responda às questões.

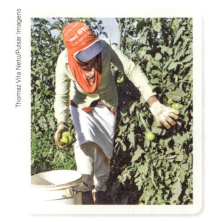

O cultivo de hortas e pomares exige dedicação e experiência. Ouroeste, SP. Foto de 2013.

As comunidades de pescadores vivem dos recursos do mar e dos rios. Parte do pescado é vendida e outra parte é consumida. Japaratinga, AL. Foto de 2015.

A criação de gado bovino tem sido uma das principais atividades econômicas do Brasil. Santo Antônio da Platina, PR. Foto de 2013.

No campo, há pessoas que vivem da produção de objetos artesanais, que costumam apresentar características de cada região. Artesanato em folha de bananeira em Morretes, PR. Foto de 2013.

a. Alguma das atividades das fotos acima existe no lugar onde você vive? Que outras atividades rurais são encontradas?

_____

_____

b. No lugar em que você vive, há pessoas que fazem artesanato? O que elas criam? Onde vendem seus produtos?

_____

_____

A diversidade do mundo rural

No Brasil, a realidade do espaço rural é bastante diversificada. As casas podem ser construídas de madeira, taipa, alvenaria ou sobre palafitas, por exemplo. Essas habitações diversas distribuem-se por chácaras, fazendas, sítios, comunidades e bairros rurais. Desse modo, ao contrário das cidades, as paisagens do campo não apresentam extensos aglomerados de construções ou ruas constantemente movimentadas.

Além dos diferentes tipos de moradia, existem várias culinárias típicas. Boa parte delas é baseada nos produtos, ingredientes e temperos que são cultivados localmente. Além disso, outras tradições podem ser mantidas, como a de contação de histórias, que integra gerações nas comunidades.

CONTEÚDO NA VERSÃO DIGITAL

Para se proteger de alagamento às margens dos rios, as populações ribeirinhas da região amazônica constroem suas casas sobre estacas chamadas palafitas.
Os ribeirinhos praticam a pesca e também cultivam o solo. Caracaraí, RR. Foto de 2012.

As comunidades quilombolas são formadas por descendentes de antigas pessoas escravizadas. A maioria dessas comunidades é rural e vive do cultivo da terra e da criação de animais. Quilombo Pedro Cubas, em Eldorado, SP. Foto de 2013.

A pesca é uma atividade muito praticada pelas comunidades ribeirinhas e caiçaras. O pescado é a parte principal da alimentação dos moradores dessas regiões. Pescadores em Bragança, PA. Foto de 2013.

Em seus aldeamentos, os indígenas procuram manter suas tradições. Plantam e colhem alimentos como a mandioca e o milho, caçam, pescam e colhem frutos da floresta. Cananeia, SP. Foto de 2012.

Descendentes de imigrantes italianos colhem uvas na comunidade de Val Feltrina, que integra a rota turística e gastronômica Santa Maria-Silveira Martins. Silveira Martins, RS. Foto de 2012.

No vale do São Francisco, os assentamentos rurais de trabalhadores sem-terra contam com sistema de irrigação e se organizam não apenas para produzir, mas também para levar os produtos aos mercados. Petrolina, PE. Foto de 2012.

1 Em sua opinião, quais semelhanças podem existir no dia a dia das pessoas que vivem nessas diferentes comunidades?

A produção de alimentos

A produção agrícola é feita de diferentes maneiras, levando em consideração o tamanho da propriedade, os recursos tecnológicos e financeiros acessíveis ao produtor rural e o tipo de cuidado necessário para o alimento escolhido. Algumas plantações, como as de grãos, são cultivadas em áreas muito extensas e sua colheita demanda o uso de máquinas. Outras, como as de frutas, são mais delicadas e, por isso, o trabalho manual pode ser necessário.

Os alimentos produzidos no campo também podem passar por processos industriais, que os transformam em novos produtos. É o caso, por exemplo, da laranja, comercializada em estado natural ou na forma de suco industrializado. Essas indústrias de alimentos se localizam tanto no campo como na cidade.

Atualmente, utilizam-se máquinas para plantar e colher as principais culturas de grãos. Na foto, colheita de milho em Lebon Régis, SC, em 2012.

O Brasil destaca-se na produção de frutas, entre elas a laranja. Há extensos laranjais, principalmente no estado de São Paulo. A colheita emprega muitos trabalhadores, e o suco de laranja industrializado é consumido no país e no exterior. Colheita manual de laranja em Matão, SP. Foto de 2012.

Nas videiras, a maior parte da colheita é feita manualmente, porque a uva é uma fruta muito delicada. Bento Gonçalves, RS, 2012.

Parte das uvas é consumida como fruta e outra parte se destina à produção de sucos. Após o processamento da fruta, o suco é engarrafado e transportado até os mercados. Gramado, RS, 2012.

No espaço rural, a procura por pousadas, hotéis e fazendas tem aumentado. Alguns estabelecimentos possibilitam ao visitante colher alimentos que serão servidos. Lavras Novas, MG, 2012.

A produção rural é realizada com técnicas variadas. Alguns produtores de leite, por exemplo, empregam a ordenha manual. Mas há a possibilidade de usar equipamentos mecânicos para ordenhar as vacas. Inhumas, GO, 2012.

1 Qual é a relação entre o que é produzido nas fotos **A** e **B**?

_____

_____

2 Quais são as atividades rurais apresentadas nas fotos **C** e **D**?

_____

_____

O êxodo rural

Quando pessoas transferem sua residência de um lugar para outro, tem-se um movimento chamado **migração**. E as pessoas que se deslocam nesses casos são chamadas **migrantes**. No Brasil, um dos movimentos de migração mais intensos no passado, e ainda comum hoje, é o do campo para a cidade.

A migração intensa do campo para a cidade durante determinado período é chamada de **êxodo rural**. Esse processo ocorre por vários fatores: falta de terras ou condições de trabalho no campo; longos períodos de seca em algumas regiões, que prejudicam a agricultura e a pecuária; e o desenvolvimento das cidades, que alimentam esperanças por boas oportunidades de trabalho nas indústrias, no comércio e em empresas de prestação de serviços.

1 Veja uma reprodução da gravura *Os retirantes*. No Brasil, o termo **retirante** passou a ser utilizado para definir os migrantes que deixam áreas rurais castigadas pela seca e vão em direção às cidades.

Os retirantes, obra de José Miguel da Silva, 2006.

a. Descreva os detalhes que você observa na imagem que revelam uma mudança.

_____

_____

_____

_____

b. Faça uma pesquisa sobre os locais de origem dos retirantes brasileiros e sobre o modo de vida dessas pessoas antes de migrarem para as cidades. Anote as informações que julgar importantes.

_____

_____

_____

c. A decisão de se mudar envolve insatisfação com o lugar de saída e atrativos no lugar de destino. Converse com os colegas e o professor sobre os fatores que possivelmente influenciam a decisão dos retirantes brasileiros.

Representações

Orientação espacial

Além de saber elaborar uma representação e de interpretar representações feitas por outras pessoas, é importante conseguir se orientar utilizando mapas, plantas e outras representações.

Para isso, é necessário identificar pontos de referência como quarteirões ou quadras, cruzamentos entre ruas e avenidas, construções, além de usar noções de direita, esquerda, ao lado, em frente, etc.

1 Imagine a seguinte situação: João mudou-se para uma nova propriedade rural, com criação de gado e horta. Ele precisa ir até a cidade mais próxima e encontrar comerciantes interessados em comprar suas hortaliças. Ele também precisa encontrar um veterinário para vacinar seu gado. Porém, como João ainda não conhece bem a cidade, vai precisar usar esta representação.

a. Em quais estabelecimentos comerciais João poderia oferecer suas hortaliças?

_____

b. Sabendo que João chega de carro à cidade pela avenida Onça-pintada em direção à rua Sabiá, o que ele deveria fazer primeiro: ir ao veterinário ou tentar vender as hortaliças?

Agora já sei!

1 Leia este trecho de uma entrevista. Depois, responda às questões no caderno.

> **Rita.** [...] Então ali o pessoal plantava milho, plantava mandioca, plantava trigo (eu adorava o trigo), eu me lembro das paisagens do trigo, e... e era assim... de pequenos proprietários [...]
> [...]
> **Pesquisadora.** E essa produção vocês não vendiam, Rita?
> **Rita.** Vendíamos... aí quando se colhia o trigo era uma grande festa, era um mutirão [...] se cortava o trigo, se juntava, se amarrava, se botava numa carroça e se trazia para casa... tinha um paiol pra guardar... Aí vinha a máquina [...] para separar o trigo [...] era um grande acontecimento quando chegava a máquina... Depois as palhas eram guardadas, para depois no inverno tirar um pouco de cada vez para dar aos animais [...]

Viviane Vedana. *Fazer a feira*. 2004. 251 p. Dissertação (Mestrado em Antropologia Social) – Universidade Federal do Rio Grande do Sul, Porto Alegre.

a. Essa propriedade de que Rita fala fica no campo ou na cidade? É uma propriedade pequena ou grande? Como você chegou a essas conclusões?

b. Em sua opinião, em que local os produtores vendiam o trigo e quem eram os compradores?

2 Leia a tabela abaixo com os colegas e o professor. Depois, responda ao que se pede no caderno.

Brasil: Quantidade de frutas produzidas*		
Lavoura permanente	2013	2014
Laranja (toneladas)	17 500 000	16 900 000
Banana (toneladas)	6 900 000	6 900 000
Maçã (toneladas)	1 200 000	1 400 000

*Os números foram arredondados.

a. Que informações essa tabela apresenta sobre a produção de laranja, banana e maçã no Brasil?

b. Que fruta sofreu uma queda na produção anual entre 2013 e 2014?

c. Que motivos podem prejudicar a produção anual de uma fruta?

3 Leia a letra da canção "A festa do milho" e responda às questões no caderno.

> O sertanejo festeja
> A grande festa do milho
> [...]
> Em março queima o roçado
> [...]
> Ligeiro o milho levanta
> [...]
> Em maio solta o pendão
> [...]
>
> Prontinho para São João
> No dia de Santo Antônio
> Já tem fogueira queimando
> O milho já está maduro
> Na palha vai se assando
> No São João e São Pedro
> A festa de maior brilho
> Porque pamonha e canjica
> Completam a festa do milho

Rosil Cavalcanti. A festa do milho. Intérprete: Luiz Gonzaga. Em: *Pisa no pilão (Festa do milho)*. São Paulo: RCA Victor, 1963. 1 CD. Faixa 1.

a. De acordo com a canção, em que mês foi plantado o roçado?

b. Em que mês o milho ficou pronto para as festas de São João e Santo Antônio? Quanto tempo ele levou para ficar maduro?

c. Na canção, são mencionados três jeitos de comer o milho. Quais são eles?

d. Que outras comidas são feitas com milho?

4 Observe a foto aérea do município de Campo Novo do Parecis, estado de Mato Grosso, tirada no ano de 2012. Depois, escreva uma legenda para ela no caderno.

CAPÍTULO 2 — Viver na cidade

Muitas vezes, comparamos cidade e campo sem considerar que existem diferentes formas de ocupação do campo e que as cidades são diferentes umas das outras.

1 Leia os versos e veja a imagem para responder às questões a seguir.

A cidadezinha
encostada no rio
dorme devagar
branca de frio
e de luar.

Wilson Pereira. Lunar. Disponível em: <http://linkte.me/zvj5v>. Acesso em: 15 abr. 2016.

a. Os versos referem-se a uma cidade grande ou pequena? Tranquila ou agitada?

b. Na paisagem acima, quais características de uma cidade podem ser observadas?

c. Em sua opinião, como seria viver nessa cidade?

d. Você conhece uma cidade parecida com essa? O que é igual e o que é diferente entre elas?

As cidades são diferentes

Não existem cidades iguais. Cada cidade tem características próprias, que podem ser percebidas nas paisagens.

Uma das diferenças entre as cidades é o tamanho. Algumas delas são muito grandes, têm centenas de bairros e milhões de habitantes. Nessas cidades, as distâncias podem ser longas. Para se locomover, muitas pessoas usam meios de transporte como ônibus e automóveis.

Há também cidades muito pequenas, onde é mais fácil ir a pé de um local para outro. De modo geral, nessas cidades a vida é mais calma, as pessoas se conhecem e têm mais tempo para conversar com vizinhos e amigos.

Com mais de um milhão e meio de habitantes em 2015, Recife, PE, é uma das maiores cidades do Brasil. Foto de 2012.

Pessoas caminham, brincam e andam de bicicleta na cidade de Tapiratiba, SP, que tem aproximadamente 13 mil habitantes. Foto de 2012.

1 Leia a tabela e responda às questões a seguir.

As três cidades brasileiras com maior população		
	Cidade	Número de habitantes (2015)*
1	São Paulo (SP)	12 000 000
2	Rio de Janeiro (RJ)	6 000 000
3	Salvador (BA)	3 000 000

Fonte de pesquisa: IBGE. Disponível em: <http://linkte.me/yn33z>. Acesso em: 15 abr. 2016.

* Os números foram arredondados.

a. O que a tabela informa sobre as três cidades brasileiras listadas?

_____

b. Qual é a cidade mais populosa do Brasil?

_____

c. Você conhece alguma dessas cidades? Em sua opinião, como é ou seria viver em uma das cidades mais populosas do país?

_____

_____

Diversidade cultural

As cidades brasileiras são habitadas por pessoas de diversas origens. Elas podem ser de outros estados e até mesmo de outros países. Nesse deslocamento, levam para o novo local de moradia seus costumes, seu jeito de ser, suas festas típicas e, em alguns casos, o modo de construir suas casas. Por isso, em muitas cidades, a origem de seus habitantes pode ser vista na paisagem.

2 Observe com atenção os elementos de cada foto. Em seguida, selecione e cole a legenda correspondente, que se encontra na página 149.

Migrantes brasileiros

Parte da população das cidades, principalmente das capitais dos estados, veio de outros lugares do Brasil. Algumas pessoas vieram do campo, outras vieram de cidades menores.

Esses migrantes influenciam as cidades que os recebem com seus costumes e seu modo de vida. Dessa forma, contribuem para a diversidade e a riqueza cultural dessas cidades.

Loja de produtos nordestinos na Nova Feira de São Cristóvão no Rio de Janeiro, RJ. Foto de 2014.

Fachada do Centro de Tradições Gaúchas em Brasília, DF. Foto de 2014.

3 No lugar em que você vive existem festas ou manifestações culturais organizadas por pessoas vindas de outros locais do Brasil ou de outros países? Converse com a turma.

Os indígenas nas cidades

Parte dos indígenas brasileiros vive em cidades. Em geral, eles se vestem da mesma maneira que os não indígenas e convivem com os outros habitantes da cidade. Eles andam de ônibus, metrô e carro. As crianças e os jovens vão à escola do bairro, e os adultos trabalham na cidade. Eles frequentam as festas em que não indígenas também estão presentes.

Os indígenas que vivem nas cidades não perdem sua identidade. Eles se sentem parte de seu povo e buscam manter vivas suas histórias e tradições. Eles procuram sempre entrar em contato com seus parentes e saber notícias de sua terra. Quando é possível, vão visitá-la.

Uma das maneiras que os indígenas que vivem na cidade têm de manter suas tradições é realizar suas festas. Nessas ocasiões, eles se vestem e se enfeitam de um jeito especial, fazem as comidas tradicionais e participam das danças e dos cantos de seu povo.

Os índios Pankararu, que vivem na cidade de São Paulo, participam do Toré, a dança tradicional desse povo. Foto de 2013.

4 Muitos costumes indígenas fazem parte da cultura brasileira.   Converse com um colega e registrem alguns que vocês conhecem.

Desigualdade social na cidade

Uma cidade não é toda igual. Em nossa sociedade, há grandes desigualdades sociais. Essas desigualdades são visíveis na paisagem das cidades.

Alguns bairros costumam ter ruas bem cuidadas e arborizadas e neles estão presentes serviços como redes de água e esgoto, praças, escolas, hospitais, grandes centros comerciais, etc.

Bairro da cidade de Capitão Leônidas Marques, PR. Foto de 2012.

Em outros bairros, é comum haver ruas sem asfalto e com serviços públicos precários. Há falta de praças e de locais de lazer e frequentemente o transporte público também é ruim: há poucos ônibus e eles circulam muito cheios.

Muitas famílias são obrigadas a viver sob o risco de enchentes ou de desmoronamentos por não terem condições de adquirir uma moradia em local seguro.

Muitas casas de bairros populares são construídas pelos próprios moradores. Às vezes, a construção demora, e a casa vai crescendo aos poucos. Niterói, RJ. Foto de 2013.

5 Assinale os serviços que existem no lugar em que você vive.

- [ ] iluminação pública
- [ ] água encanada
- [ ] escola pública
- [ ] ônibus
- [ ] rede de esgoto
- [ ] Unidade Básica de Saúde

6 O que você gostaria que houvesse para que o lugar em que você vive fosse melhor para todas as pessoas? Converse com a turma.

Agora já sei!

1. Descubra se em sua família ou entre seus vizinhos existe alguém que tenha vindo de outro lugar para o mesmo município em que você vive. Converse com essa pessoa e depois escreva um texto com as informações a seguir.

   - Onde vivia antes de vir para cá?
   - Em que estado ou país fica esse lugar?
   - Em que ano chegou aqui?
   - Por que se mudou?
   - Prefere viver aqui ou no lugar de onde veio?

2. Observe a imagem e responda às questões no caderno.

Zona Sul, pintura de Cristiano Sidoti, 2012.

   a. O que essa imagem representa?
   b. Em sua opinião, como é viver nesse lugar?
   c. O lugar onde você vive é parecido com esse? Por quê?

3 Monte, abaixo, o quebra-cabeça com as peças que estão na página 151.

Nessa foto de 2013, observa-se o contraste entre a favela da Rocinha, no primeiro plano, e os prédios luxuosos do bairro de São Conrado, no segundo plano. Rio de Janeiro, RJ.

- A foto do quebra-cabeça mostra trechos de uma favela e de uma área nobre na cidade do Rio de Janeiro. Você consegue distinguir esses locais? Descreva-os.

CAPÍTULO 3 — As transformações no campo e na cidade

Leia o texto abaixo sobre transformações na paisagem de São Paulo.

> A memória arquitetônica da cidade de São Paulo e o bairro de Pinheiros sofreram um grande revés na madrugada de 27 para 28 de março [de 2012]. O belíssimo casarão que ficava localizado no número 740 da rua João Moura foi demolido impiedosamente para dar lugar a um novo empreendimento imobiliário.
>
> A ação, na calada da noite, deixou o local do antigo imóvel completamente arrasado [...].
>
> O casarão que a cidade perdeu estava localizado em uma área de cerca de 2 mil metros quadrados, repleta de área verde e ainda estava absolutamente preservado. Com um grande jardim que sempre esteve impecavelmente cuidado, a casa possuía cômodos amplos e bem iluminados, piscina, áreas de lazer e ostentava encantadores vitrais coloridos. Tudo isso virou pó.

Douglas Nascimento. Casarão demolido – Rua João Moura, 740. Disponível em: <http://linkte.me/pc810>. Acesso em: 15 abr. 2016.

Agora, compare as fotos a seguir.

Casarão na rua João Moura em São Paulo, SP. Foto de 2011.

Vista da área após a demolição do casarão. São Paulo, SP. Foto de 2012.

1 O que o texto informa? Que mudanças esse fato provoca na paisagem?

2 No lugar onde você vive também há casas sendo derrubadas para a construção de prédios? Converse com a turma.

Mudanças nos modos de viver

Por volta de 1950, o Brasil começou a mudar de forma extraordinária, devido a um processo acelerado de industrialização. Havia, então, cerca de 50 milhões de brasileiros, e a maioria vivia no campo. Hoje existem mais de 200 milhões de pessoas, e a maioria vive nas cidades.

Com a instalação de indústrias nas cidades, surgiram novas profissões e oportunidades de trabalho. Ao mesmo tempo, houve o aumento da quantidade e da diversidade de produtos para consumo e uso das pessoas. Começavam, assim, o esvaziamento do campo e o crescimento das cidades, o que causou mudanças nos modos de viver de grande parte dos brasileiros.

Embora a população rural tenha diminuído, a produção rural nunca parou de crescer, por causa de novas técnicas de cultivo e da criação de animais. Esse processo de expansão das áreas de cultivo continua atualmente.

Vista da ponte da Boa Vista, em Recife, PE. Foto de 1885.

Vista da ponte da Boa Vista, em Recife, PE. Foto de 2013.

1 Quantos anos se passaram entre a foto mais antiga e a atual?

2 Que mudanças podem ser observadas na paisagem da foto mais atual em relação à paisagem da foto mais antiga?

3 Em sua opinião, quais mudanças nos modos de viver das pessoas podem ter acontecido nesse lugar?

▪ Viagem no tempo

Antes de 1950, no Brasil não havia supermercados, televisão, metrô, etc. E só algumas pessoas possuíam carro. Os telefones eram poucos, não havia tantos edifícios nas cidades. A maioria das estradas de hoje ainda não existia. Enfim, o mundo era outro: a cidade de Brasília nem tinha sido construída; sua inauguração ocorreu no ano de 1960.

O arado é um instrumento que prepara a terra para o plantio e era comum sua utilização com a tração animal. Joinville, SC. Foto de 1965.

Hoje, a preparação da terra pode ser feita por tratores de tamanhos diversos. Além de substituir o uso de animais, os tratores reduzem a quantidade de pessoas necessárias para a tarefa. Candelária, RS. Foto de 2013.

Em 1913, a telefonia estava apenas começando. Ligações interurbanas eram difíceis e complicadas, e podiam levar um dia inteiro para serem concluídas.

Atualmente milhões de brasileiros usam o telefone celular. Além disso, por meio dos computadores e da internet, a comunicação com qualquer lugar do mundo é quase instantânea. São Paulo, SP. Foto de 2012.

4 Observe a foto da escola de antigamente e responda às questões a seguir.

   a. Que diferenças existem entre essa sala de aula e a sua?

   _____
   _____
   _____

Há quase 80 anos, os estudantes e professores dispunham de poucos recursos didáticos. Caxias do Sul, RS. Foto de 1938.

   b. Em sua opinião, quais objetos eram usados pelos alunos nessa época? Quais são usados até hoje?

   _____
   _____

Representações

Redução de imagens

Você viu que, para representar uma paisagem em uma folha de papel, é preciso reduzir a imagem observada, de forma que seu tamanho fique menor do que o real. Agora, você vai aprender a reproduzir uma paisagem de modo reduzido. Para isso, usaremos esta imagem com quadrículas de 2 centímetros em cada lado.

Para fazer a redução, é necessário construir um quadro com a mesma quantidade de quadrículas da imagem original, mas com os lados menores. No quadro a seguir, os lados medem 1 centímetro, o que deixará o novo desenho com a metade do tamanho original.

Antes de começar a desenhar, escolha uma quadrícula da imagem original: a quadrícula 1-C, por exemplo.

Observe bem o traço do desenho e sua posição dentro da quadrícula. Localize a quadrícula correspondente (1-C) no quadro reduzido e tente copiar o traço do desenho na mesma posição. Repita o procedimento com as demais quadrículas até finalizar o desenho.

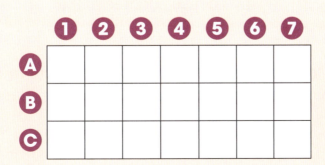

Transformações, memória e tradições

Principalmente nas grandes cidades, os lugares se modificam com muita rapidez. Às vezes, quarteirões inteiros são demolidos para a construção de prédios, de uma estação de metrô ou de um *shopping center*. Com essas mudanças, desaparecem os lugares a que as pessoas estavam acostumadas, como a escola onde estudaram, o comércio, o parque ou o cinema que frequentavam.

Os caminhos percorridos no dia a dia são parte da nossa vida e também da nossa memória. As rápidas transformações na paisagem dificultam a formação e a preservação da memória de cada indivíduo e da sociedade.

1 Observe a imagem e converse com os colegas e o professor sobre o acontecimento que ela mostra. Depois, faça o que se pede.

Demolição de moradias ao lado da estação Maracanã, no Rio de Janeiro, RJ. A desocupação dessa área ocorreu durante a construção de obras de infraestrutura para as Olimpíadas de 2016. Foto de 2012.

a. Cite um benefício que esse acontecimento poderá trazer para a cidade.

b. Cite um aspecto negativo desse acontecimento.

2 Você conhece alguma construção antiga? Descreva como ela é, onde está localizada e se é frequentada por pessoas ou não.

Nossas tradições

Apesar das transformações que ocorrem no campo e nas cidades, as tradições que passam de uma geração para outra contribuem para manter a memória de costumes, valores e paisagens de uma população.

Vejas as imagens e leia as legendas a seguir.

O Pastoril é encenado por dois grupos de moças – o cordão azul e o cordão encarnado – que dançam e cantam. Maracanaú, CE. Foto de 2013.

Barraca de venda de tacacá, que é uma comida tradicional da Amazônia. Ele é um caldo preparado com camarão, derivados de mandioca e uma verdura chamada jambu. Manaus, AM. Foto de 2015.

Mesmo em uma cidade grande e moderna, como São Paulo, muitos bairros preservam suas construções antigas. Na imagem, rua do Bixiga, bairro tradicional com forte presença de imigrantes italianos. Foto de 2014.

Atividades tradicionais, como a pesca artesanal, são praticadas em todo o Brasil, mesmo em grandes cidades. Foto de barcos de pesca na baía de Guanabara, na cidade de Niterói, RJ. Foto de 2013.

3 Imagine que você vai convidar um amigo de outra cidade para vir a sua casa por alguns dias. Quais tradições do lugar onde você vive poderiam ser compartilhadas com ele? Dê exemplos de festas, comidas, lugares ou atividades.

Agora já sei!

1 Observe as imagens e responda às questões a seguir no caderno.

Brincadeira com carrinho de rolimã em São Paulo, SP. Foto de 1965.

Crianças brincam em gira-gira. Foto de 1968.

Crianças brincando com bolinhas de gude em São Paulo, SP. Foto de 1952.

Crianças brincando em triciclos em parque de São Paulo, SP. Foto de 1957.

a. Qual desses brinquedos e brincadeiras você conhece? Você brinca assim com os colegas?

b. Em quais lugares as crianças estão brincando? Você costuma brincar em lugares como esses?

c. As roupas que as crianças usavam nessa época são iguais às que você usa? Dê exemplos.

2 Uma das transformações que ocorrem no campo, com o passar do tempo, é o uso de técnicas de produção cada vez mais modernas. Que consequências essas transformações podem trazer? Converse com a turma e registre as respostas no caderno.

3 Converse com uma pessoa mais velha, como seus avós (ou outra pessoa que tenha idade para ser seu avô), e peça a ele ou ela que lhe diga como era o lugar em que vivia quando tinha a idade que você tem agora. Siga o roteiro abaixo e anote as respostas no caderno. Peça a seu entrevistado ou entrevistada que dê respostas curtas.

- Qual é seu nome?
- Qual é a data de seu nascimento? Qual é sua idade?
- Qual é o nome do município e do estado em que a senhora (ou o senhor) vivia quando tinha a minha idade?
- A cidade era grande? Sua rua era asfaltada? Iluminada? Limpa?
- Nessa época, os meninos e as meninas brincavam na rua mais do que atualmente? Quais eram as brincadeiras?
- O que faz a senhora (ou o senhor) se recordar da cidade como era naquela época?

Agora, escreva um relatório sobre a entrevista. Siga o modelo abaixo. Copie as frases no caderno, substituindo as estrelas pelas informações obtidas na entrevista.

Eu entrevistei a senhora (ou o senhor) ★, que nasceu em ★ (dia, mês, ano). Hoje, ela (ou ele) tem ★ anos.

Quando tinha a minha idade, ela (ou ele) morava no município de ★, no estado de ★.

Ela (ou Ele) disse que a cidade era ★ e que sua rua era ★.

Nessa época, os meninos e as meninas brincavam na rua ★ do que hoje. Eles brincavam de ★.

Hoje, ela (ou ele) se lembra de sua infância quando vê (ou participa de) ★.

4 Você vive no campo ou na cidade? Pense nas coisas de que você mais gosta no lugar em que vive e siga os passos abaixo.

a. Em uma folha avulsa, faça um desenho que represente esse lugar.

b. Escreva uma legenda para seu desenho, dizendo por que gosta desse lugar.

c. Mostre seu desenho aos colegas e veja os desenhos deles. Converse sobre os lugares representados e as maneiras adequadas de cuidar deles.

Vamos fazer!

O livro do município

Neste ano você foi convidado a conhecer alguns aspectos de seu município e também a pensar em formas de melhorar as condições de vida nele. Nesse processo, você e seu grupo foram reunindo materiais e informações sobre o município onde vivem.

Vamos juntar todo esse material para produzir um livro sobre seu município. Ele poderá fazer parte da biblioteca da escola e ser utilizado por outros alunos nos anos seguintes.

Antes de concluir o livro, porém, propomos a vocês que leiam o texto abaixo. Ele foi retirado de um livro em que uma criança fala de sua cidade. Em forma de versos, ela expõe alguns problemas que a deixam triste, mas não perde a esperança. Leiam o trecho em que ela conta o que espera para o lugar onde vive.

Mas se as coisas melhorarem
e os políticos funcionarem,
crianças de hoje serão
verdadeiros cidadãos...
tendo rios bem tratados,
saúde, educação,
trânsito desafogado.
Justiça justa, é não?
Que todas as nossas cidades
acolham seus moradores,
respirando em liberdade,
para viver seus amores.

Cláudia Pacce. Esperança. Em: *Varre, vento!* São Paulo: Quinteto Editorial, 1998. p. 18-20.

Para finalizar o livro sobre o município em que vivem, sigam as etapas abaixo, em grupo.

1. Para compor o livro, vocês vão criar um poema. Mas, antes, pensem no leitor a quem ele é dedicado: a crianças como vocês, que vivem neste município, estudam nesta escola e fazem parte deste lugar. O poema deve falar dos aspectos positivos do município onde vocês vivem, das dificuldades enfrentadas por seus habitantes e de como melhorar as condições de vida. Coloquem também no poema outros aspectos do município que julgarem importantes.

2. Além do conteúdo principal (aquilo do que trata), todo livro é formado por diversas outras partes. Capa, frontispício (folha de rosto) e sumário são algumas delas. Na capa, devem constar o título do livro e o nome do(s) autor(es). Se ainda não pensaram em um título, agora é a hora! Além disso, em geral há imagens nas capas. Podem ser fotos, desenhos, mapas, etc. Usem a criatividade para elaborar uma capa bem bonita.

3. No frontispício entram o título, o(s) autor(es), o local e o ano em que o livro foi escrito. Em uma folha separada, criem o frontispício.

4. Para a organização e montagem do livro, vocês devem reunir todo o material que cada integrante do grupo elaborou ao longo do ano na seção *Vamos fazer!*. Também podem entrar outros trabalhos realizados no período.

5. Com o material em mãos, partam para a organização: coloquem a capa, o frontispício e os materiais produzidos, nessa ordem. Por último, entra o poema. Unam todas as páginas. Para isso, utilizem prendedores ou amarrem-nas com barbante.

Ao terminar, troquem de livro com os outros grupos. Observem a produção de cada um e vejam aquilo de que mais gostaram. Por fim, conversem sobre essa experiência!

O que aprendi?

1. Com o professor, observe a foto ao lado e leia a opinião de uma jornalista na época em que Brasília, atual capital do Brasil, começou a ser construída.

Início da construção da Esplanada dos Ministérios em Brasília, DF, no final dos anos 1950.

> Aqui, nessas grandes extensões, até então intocadas pela civilização, o Brasil está construindo, desde a primeira pedra, a sua nova capital. Onde ontem não havia senão uma vista interminável de solitárias colinas verdes, encimadas por um céu de um azul ofuscante [...], amanhã, ou depois, se erguerá uma capital [...].
>
> Em abril de 1960, o Presidente Juscelino Kubitschek pretende mudar literalmente o Governo Federal brasileiro, de sua presente capital, Rio de Janeiro, para Brasília [...].

Innez Robb. Brasília: céu de nuvens barrocas e capital de 500 mil burocratas. *Última Hora*, Rio de Janeiro, 29 jan. 1959. Em: Michelle dos Santos. *A construção de Brasília nas tramas de imagens e memórias pela imprensa escrita (1956-1960)*. 2008. p. 141. Dissertação (Mestrado em História) – UnB, Brasília.

- De acordo com o texto, como era a região onde Brasília foi construída?

2. Durante a construção de Brasília, foi criada a Vila Planalto, em 1957, para abrigar os operários. Compare as duas fotos e responda.

Cidade Livre no Distrito Federal, no início da construção de Brasília. Foto de 1959.

Núcleo Bandeirante (antiga Cidade Livre), Brasília, DF. Foto de 2008.

a. Qual é o padrão das construções?

b. Como é o espaço ao redor da vila?

3 Observe a foto e converse com a turma sobre as questões a seguir.

Esgoto a céu aberto na rua Coroa Grande, em São Paulo, SP, 2014.

- Quais são as prováveis dificuldades de se viver em um lugar como o retratado na foto? O que poderia ser mudado para melhorar a vida nesse lugar?

4 Leia o texto a seguir, no qual um senhor de 90 anos conta como era um bairro da periferia da cidade de São Paulo, por volta de 1960.

> O comércio local era pouco desenvolvido, consistia em pequenas mercearias que vendiam de tudo um pouco: arroz, feijão, produtos de limpeza, querosene, entre outras coisas; esses produtos eram vendidos por quilo, unidade, litros. Normalmente os moradores compravam fiado, suas compras eram marcadas na caderneta e pagas no final do mês. O querosene era um produto muito importante porque nem todas as casas tinham energia elétrica.
> As mercadorias vinham do interior pela estrada de ferro até o bairro do Pari, de lá os carroceiros retiravam as mercadorias e entregavam nos estabelecimentos comerciais.

Izidoro Basques Ramires. Museu da Pessoa. Disponível em: <http://linkte.me/h7o23>. Acesso em: 15 abr. 2016.

a. Que tipo de lojas havia no bairro descrito no texto?

b. De onde vinham os produtos vendidos nas lojas e como eram distribuídos para o comércio?

Sugestões de leitura

Unidade 1

Crianças do Brasil: suas histórias, seus brinquedos, seus sonhos, de José Santos. Editora Peirópolis.
Com esse livro, o leitor descobre o universo de 27 crianças brasileiras dos quatro cantos do Brasil: de Roraima ao Rio Grande do Sul, do sertão ao litoral.

Se criança governasse o mundo..., de Marcelo Xavier. Formato Editorial.
Já imaginou se o mundo fosse governado só por crianças? Leia esse livro e descubra como seria.

Unidade 2

Talismã do Tibet, de Anna Flora. Editora FTD.
A garotada não resiste e compra tudo o que é moda na venda do seu Manoel. Até que dona Filoca resolve alertar as crianças do bairro, ensinando-as a consumir de modo consciente. Leia e aprenda!

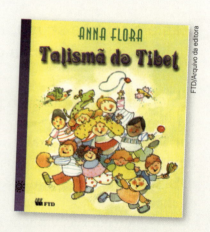

A motorista de ônibus, de Vincent Cuvellier. Edições SM.
No dia a dia, utilizamos vários serviços: compramos na padaria ou na venda, usamos transporte público, vamos à farmácia, etc. Mas nem sempre prestamos atenção às pessoas que oferecem esses serviços. É disso que o livro trata.

Unidade 3

De carta em carta, de Ana Maria Machado. Editora Salamandra.

Apesar dos avanços tecnológicos, muitas pessoas ainda se comunicam por carta. E quem não sabe escrever pode mandar uma carta? Leia esse livro e descubra!

Alberto: do sonho ao voo, de José Roberto Luchetti. Editora Scipione.

Esse livro conta a história de Santos Dumont e de como um sonho de infância levou à invenção do avião.

A caixa preta, de Tiago de Melo Andrade. Editora Melhoramentos.

O livro conta a história dos habitantes de um planeta que eram muito alegres, criativos e divertidos, até que passaram a ficar o tempo todo em frente da televisão. O que será que aconteceu?

Unidade 4

O mundo do meu amigo, de Ana Cecília Carvalho e Robinson D. dos Reis. Formato Editorial.

Ao ler esse livro, você vai conhecer Fred e Júlio, dois amigos que descobriram juntos o quanto a cidade e o campo estão relacionados.

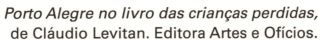

Porto Alegre no livro das crianças perdidas, de Cláudio Levitan. Editora Artes e Ofícios.

O autor apresenta como foi e como é hoje a cidade de Porto Alegre. Por meio de uma história inventada, procura criar no leitor o desejo de compreender o crescimento e a transformação da cidade.

A rua é livre, de Kurusa e Monika Doppert. Editora Callis.

As crianças de uma favela não tinham onde brincar. Resolveram então exigir o direito de ter um parque. Será que elas conseguiram? Leia o livro para descobrir.

Bibliografia

Almanaque Abril 2010. São Paulo: Abril, 2010.

ALMEIDA, Rosangela Doin de. *Do desenho ao mapa*: iniciação cartográfica na escola. São Paulo: Contexto, 2001.

_____; PASSINI, Elza Y. *O espaço geográfico*: ensino e representação. 12. ed. São Paulo: Contexto, 2002.

ANDRADE, M. C. de. *Caminhos e descaminhos da Geografia*. 3. ed. Campinas: Papirus, 1989.

ASSOCIAÇÃO DOS GEÓGRAFOS BRASILEIROS. *Projeto "O Ensino da Cidade de São Paulo"*. São Paulo: AGB, 2000.

BRASIL. Ministério da Educação e do Desporto. Secretaria de Educação Fundamental. *Parâmetros curriculares nacionais* (1ª a 4ª séries). Brasília: MEC/SEF, 1997. v. 1, 5, 8 e 10.

CARLOS, Ana F. A. (Org.). *Geografia na sala de aula*. São Paulo: Contexto, 2007.

CASTELLAR, Sonia (Org.). *Educação geográfica*: teorias e práticas docentes. São Paulo: Contexto, 2005.

CASTROGIOVANNI, Antonio Carlos (Org.). *Geografia em sala de aula*: práticas e reflexões. Porto Alegre: Ed. da UFRGS/AGB, 2004.

CAVALCANTI, Lana de Souza. *Geografia, escola e construção de conhecimentos*. Campinas: Papirus, 1998.

CHIANCA, Rosaly M. B. *Mapas*: a realidade no papel. São Paulo: Ática, 1999.

CONTI, José Bueno. *Clima e meio ambiente*. 6. ed. São Paulo: Atual, 2005.

DIAS, Rubens Alves; MATTOS, Cristiano Rodrigo de; BALESTIERI, José Antonio P. *O uso racional da energia*: ensino e cidadania. São Paulo: Ed. da Unesp, 2006.

FALLEIROS, Ialê; GUIMARÃES, Márcia Noêmia. *Os diferentes tempos e espaços do homem*. São Paulo: Cortez, 2005.

FERREIRA, Aurélio Buarque de Holanda. *Dicionário Aurélio mirim*: dicionário ilustrado da língua portuguesa. Curitiba: Positivo, 2005.

FLORENZANO, Tereza Gallotti. *Imagens de satélite para estudos ambientais*. São Paulo: Oficina de Textos, 2002.

FUNDAÇÃO NICOLAS HULOT. *Ecoguia*: guia ecológico de A a Z. São Paulo: Landy, 2008.

INSTITUTO BRASILEIRO DE GEOGRAFIA E ESTATÍSTICA (IBGE). *Anuário estatístico do Brasil*. Rio de Janeiro: IBGE, 2003. v. 62.

_____. *Atlas do censo demográfico 2010*. Rio de Janeiro: IBGE, 2013.

_____. *Atlas geográfico escolar*. 6. ed. Rio de Janeiro: IBGE, 2012.

_____. *Meu primeiro atlas*. 4. ed. Rio de Janeiro: IBGE, 2012.

INSTITUTO SOCIOAMBIENTAL (ISA). *Povos indígenas no Brasil*: 1996-2000. São Paulo: ISA, 2001.

LACOSTE, Yves. *A Geografia serve, antes de mais nada, para fazer a guerra*. Lisboa: Iniciativas, 1977.

LAROUSSE EDITORIAL. *Convivência*: ética, cidadania e responsabilidade social. São Paulo: Larousse do Brasil, 2003.

MAGALHÃES, Maria do Rosário Alves. *Uma análise crítica da prática do ensino de Geografia nas quatro últimas séries do Ensino Fundamental, nas escolas públicas estaduais da zona urbana de Caxias-MA*. 1999. (Monografia) – Caxias, Maranhão.

MARTINELLI, Marcelo. *Gráficos e mapas*: construa-os você mesmo. São Paulo: Moderna, 1998.

MENDONÇA, Sonia Regina de. *A industrialização brasileira*. 2. ed. São Paulo: Moderna, 2004.

MORAES, Antonio Carlos Robert. *Geografia*: pequena história crítica. Petrópolis: Vozes, 2003.

OLIVEIRA, Ariovaldo Umbelino de. *Para onde vai o ensino de Geografia?* São Paulo: Contexto, 2005.

PENTEADO, Heloísa Dupas. *Metodologia do ensino de História e Geografia*. São Paulo: Cortez, 2009.

PEREIRA, Raquel Maria Fontes do Amaral. *Da Geografia que se ensina à gênese da Geografia moderna*. 3. ed. rev. Florianópolis: Ed. da UFSC, 1999.

PIAGET, Jean; INHELDER, Bärbel. *A representação do espaço na criança*. Porto Alegre: Artmed, 1993.

PINHEIRO, Antonio Carlos. O ensino de Geografia no Brasil. In: *Catálogo de dissertações e teses (1967-2003)*. Goiânia: Viera, 2005.

REVISTA *Fórum*, São Paulo, Publisher Brasil, n. 52, ano 5, 2007.

REVISTA *Olhares e Trilhas*, Uberlândia, Edufu, v. 1, n. 1, ano 1, 2000.

ROSS, Jurandyr L. S. (Org.). *Geografia do Brasil*. São Paulo: Edusp, 2005.

SANTOS, Milton. *A natureza do espaço*: técnica e tempo, razão e emoção. São Paulo: Edusp, 2008.

_____. *Pensando o espaço do homem*. São Paulo: Edusp, 2004.

_____. *Por uma outra globalização*: do pensamento único à consciência universal. Rio de Janeiro: Record, 2004.

SCHÄFFER, Neiva Otero et al. *Um globo em suas mãos*: práticas para a sala de aula. Porto Alegre: Ed. da UFRGS, 2005.

SIMIELLI, Maria Elena. *Geoatlas*. São Paulo: Ática, 2009.

SPÓSITO, Eliseu Savério. *A vida nas cidades*. 2. ed. São Paulo: Contexto, 2004.

THÉRY, Hervé; MELLO, Neli Aparecida de. *Atlas do Brasil*: disparidades e dinâmicas do território. São Paulo: Edusp/Imprensa Oficial, 2005.

VESENTINI, José William. *Para uma Geografia crítica na escola*. São Paulo: Ática, 1992.

Recortar

Páginas 8 e 9 › **Atividade de abertura da unidade 1**

A

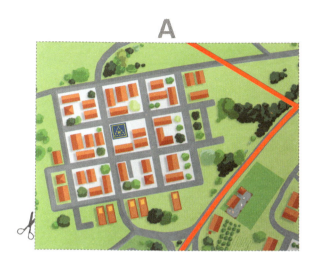

B

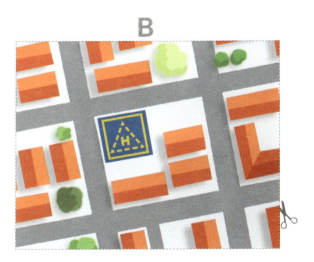

C

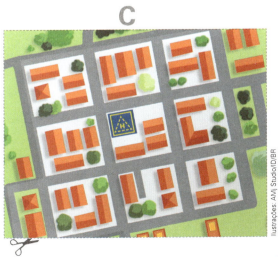

Recortar e colar

Página 58 › **Atividade 5**

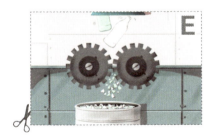

Recortar e colar

Página 124 › Atividade 2

A
A festa da uva acontece tradicionalmente de dois em dois anos em Caxias do Sul, RS, e recebe muitos turistas e pessoas das comunidades próximas. Foto de 2012.

B
Nesse bairro, formado por casas populares, todas as moradias são iguais. Arapiraca, AL. Foto de 2012.

C
Feira da Kantuta, realizada todos os domingos no município de São Paulo, SP, pelos imigrantes bolivianos. Foto de 2012.

D
Ponta Negra é um bairro que se formou ao redor da praia em Natal, no Rio Grande do Norte. Foto de 2012.

E
O bairro da Liberdade, no município de São Paulo, SP, mostra em sua paisagem a presença de povos orientais, como os japoneses, os chineses e os coreanos. Foto de 2013.

F
Paisagem com construções de arquitetura austríaca no município de Treze Tílias, SC, fundado por imigrantes. Foto de 2012.

Destacar e colar

Página 129 › Atividade 3

151